“我国考古发现的重大成就实证了我国百万年的人类史、一万年的文化史、五千多年的文明史。”

“我国考古工作取得了重大成就，延伸了历史轴线，增强了历史信度，丰富了历史内涵，活化了历史场景。”

“考古工作是一项重要文化事业，也是一项具有重大社会政治意义的工作。”

——习近平

豫见考古 宅兹中国

中华文明起源与发展的河南实证

韩国河 主编

郑州大学出版社

图书在版编目(CIP)数据

豫见考古　宅兹中国：中华文明起源与发展的河南实证 / 韩国河主编. -- 郑州：郑州大学出版社，2023.12
ISBN 978-7-5773-0075-7

Ⅰ. ①豫…　Ⅱ. ①韩…　Ⅲ. ①考古-研究-河南　Ⅳ. ①K872.614

中国国家版本馆 CIP 数据核字(2023)第 233706 号

豫见考古　宅兹中国——中华文明起源与发展的河南实证
YU JIAN KAOGU ZHAI ZI ZHONGGUO——ZHONGHUA WENMING QIYUAN YU FAZHAN DE HENAN SHIZHENG

策划编辑	孙保营	封面设计	王　微
责任编辑	刘金兰　张　华	版式设计	王　微
责任校对	张　帆	责任监制	李瑞卿
出版发行	郑州大学出版社	地　　址	郑州市大学路 40 号(450052)
出 版 人	孙保营	网　　址	http://www.zzup.cn
经　　销	全国新华书店	发行电话	0371-66966070
印　　刷	河南瑞之光印刷股份有限公司		
开　　本	710 mm×1 010 mm　1 / 16		
印　　张	10.75	字　　数	118 千字
版　　次	2023 年 12 月第 1 版	印　　次	2023 年 12 月第 1 次印刷
书　　号	ISBN 978-7-5773-0075-7	定　　价	78.00 元

本书如有印装质量问题，请与本社联系调换。

编委会成员

目 录 CONTENTS

点点篝火

人类起源

旧石器时代是人、猿揖别的起点，也是人类进化史上最漫长的时段。从距今约170万年的元谋人开始，中国的旧石器文化一直持续到距今2万—1万年。原始先民在华夏大地上，制作最为原始的石器工具，狩猎采集，发现和学会用火，繁衍生息，创造着与地球上以往任何生物不同的文化。

如果去追溯人类起源，就不得不提及第三纪末以来青藏高原的隆起、秦岭—大别山造山带的演化这两大地质事件，它们逐渐塑造了第四纪的原始地貌。黄土高原的出现、黄河与长江等大河形态的确定，让如今的中原地区成为中国南北方地理、生态、气候等的分界线，奠定了早期人类形成和发展的自然环境基础。

有关人类起源，在中原大地上有不少传说故事，如盘古开天辟地、女娲抟土造人、燧人钻燧取火等，这些虽然尚无考古发现一一对应，但却为我们了解百万年人类史提供了最朴素的文献证据。

天地浑沌如鸡子。盘古生其中……天地开辟……盘古极长。故天去地九万里。

——徐整《三五历纪》

俗说天地开辟，未有人民，女娲抟黄土作人。

——应劭《风俗通义》

有圣人作，钻燧取火，以化腥臊，而民说之，使王天下，号之曰燧人氏。

——《韩非子·五蠹》

上河曙猿，人类原祖

考古发掘与研究表明，以黄河中游为核心的中原大地是早期人类的重要起源地。渑池—垣曲盆地是中国古近纪地层和始新世哺乳动物群的首次发现地，在河南渑池县南村乡任村上河组发现了世界上最早的具有高等灵长类哺乳动物特征的曙猿化石，距今4500万年左右，命名为“渑池上河曙猿”。该遗址是国际公认的人类原祖起源地之一，动摇了“人类起源于非洲”的论断，把类人猿出现的时间向前推进了1000万年。

渑池上河曙猿

秦岭嵩山，足迹万年

目前在河南境内已发现有上百处旧石器遗址或地点，时代上自早更新世至晚更新世都有，涵盖百万年人类起源、演化的全过程。这些地点主要分布在黄河南岸的秦岭—嵩山周围，包括豫中环嵩山地区的老奶奶庙、方家沟遗址，豫西三门峡盆地的水沟、会兴沟地点，豫北太行山东麓的小南海洞穴，豫东南淮河上游的温泉、灵井遗址，豫西南丹淅流域的宋湾、狮子岗遗址等，尤以丹江口库区、嵩山东麓发掘工作

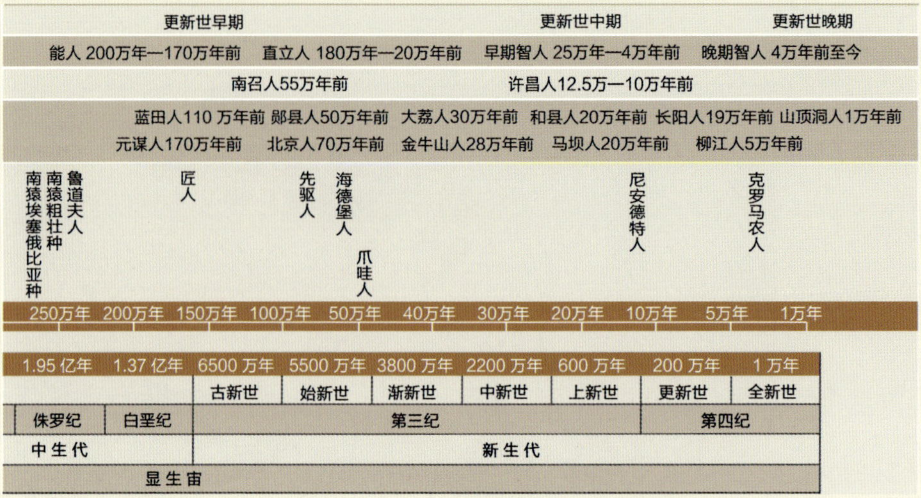

▲ 人类进化图

最充分，发现数量最多。较为典型的人类化石有旧石器时代早期的淅川人，旧石器时代中期的栾川人、南召人，旧石器时代晚期的灵井人（许昌人）等。

淅川灵井，远古祖先

1. 淅川人

著名古人类学家吴汝康、吴新智院士对采集的淅川人牙化石进行综合研究，认为其中有一部分年代较早、另一部分年代稍晚，整体形态介于元谋人和北京人之间，是较早猿人向较晚猿人的过渡类型。年代上介于旧石器时代早、中期之间。

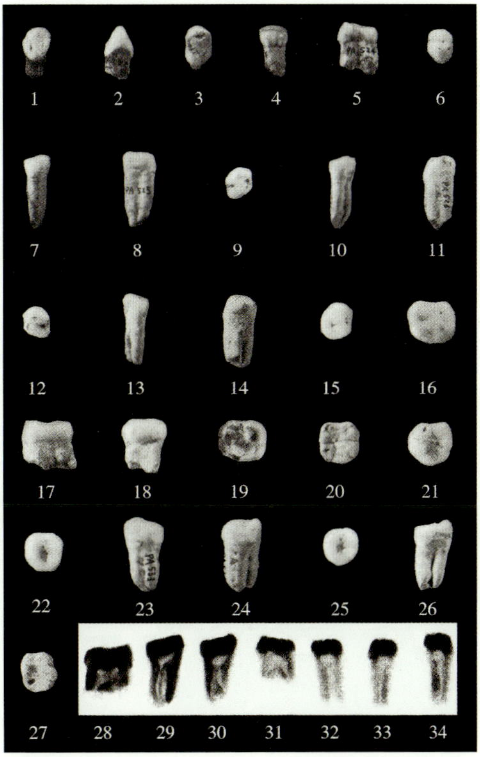

▲ 淅川人牙化石

近年来，因配合南水北调中线工程丹江口库区建设，在淅川双河、宋湾、马岭、贾湾、狮子岗、坑南等地点，出土了大量石制品，年代上涵盖旧石器时代中、晚期，尤其是晚期遗存，表现出明显的南北方砾石工业、石片工业兼有的特征。这些考古发现，显示出丹淅流域早期人类活动的连续性、石制品面貌的多样性。出土的以薄刃斧、手斧等为代表的阿舍利模式的石制品组合，与丁村人的三棱大尖状器、湖南地区的手斧等联系密切，是旧石器时代南北地区人群交流的重要物证。

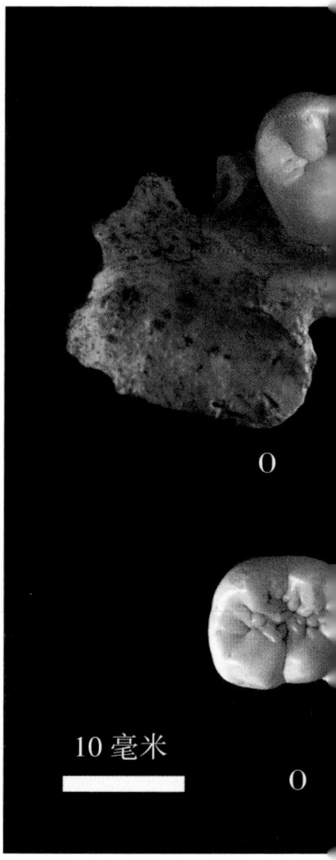

2. 栾川人

2012年，在栾川孙家洞遗址第四、五层发现有6件古人类化石，分属1个成人和2个未成年人个体。从伴出动物群和人牙形态看，属于中更新世，与北京人接近，属直立人。

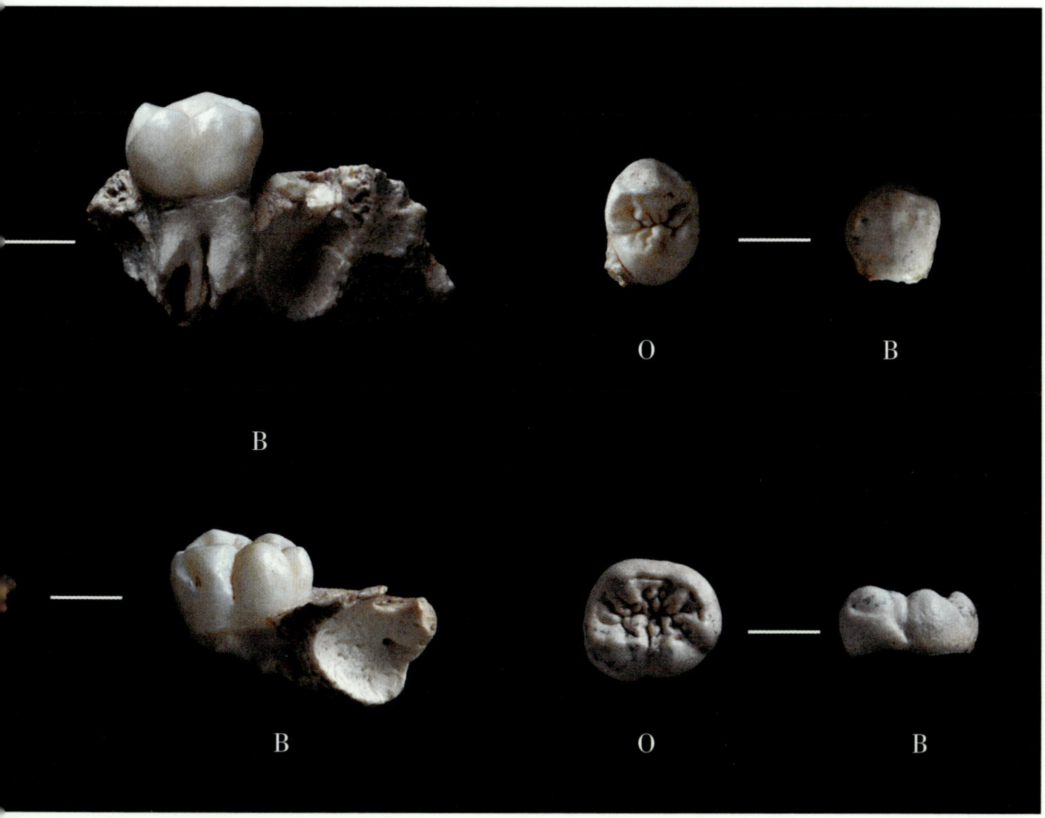

▲ 栾川人牙化石

但是近期公布的出土石制品形态研究认为属旧石器时代晚期早段，碳十四测年数据在距今4.2万年左右。显然，栾川人的具体年代研究，有待进一步发掘，需要更多的科学数据支撑。

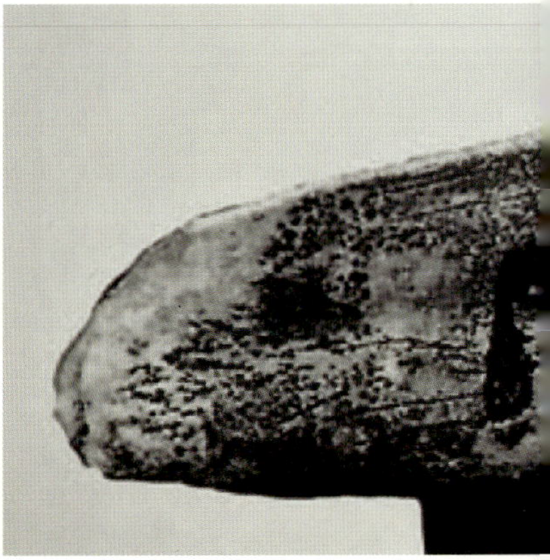

3. 南召人

南召猿人遗址位于南召县云阳镇西北3.5千米的杏花山脚下，海拔约220米。1978年9月，南阳地区文化局刘蓥等在南召县云阳镇杏花山采集到一批哺乳动物化石，其中一枚牙齿经中国科学院古脊椎动物与古人类研究所吴汝康教授鉴定，确认系早期人类的右下第二前臼齿。同年10月，中国科学院古脊椎动物与古人类研究所和南阳地区文物工作队联合对该地点进行发掘，发现一批哺乳动物化石。从伴出的动物群和人牙形态看，属于中更新世，与北京猿人的年代相当。

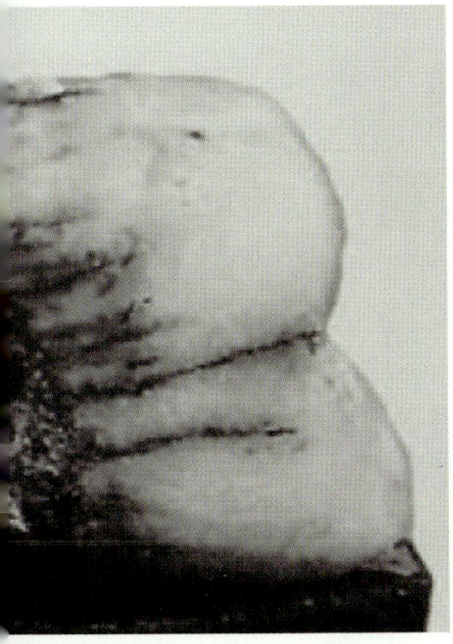

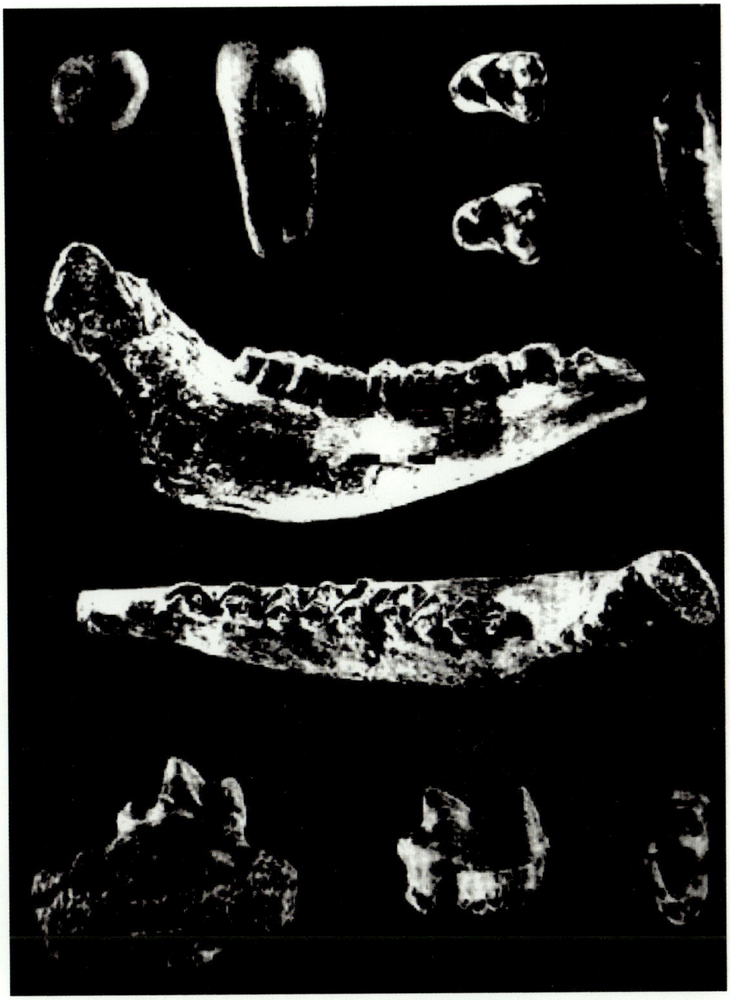

▲ 南召猿人遗址（左上）
▲ 南召猿人牙齿化石（左下）
▲ 与南召猿人化石同时出土的哺乳动物化石（右）

4. 灵井人（许昌人）

2005年至2016年，灵井“许昌人”遗址经过连续12年的考古发掘，发现45件距今12.5万—10.5万年的古人类头骨化石。灵井人上承周口店北京猿人，下连中国北方早期现代人，终结了中国北方现代人来自非洲的假说。除此之外，遗址还发现大量的细石器、动物化石，出土有少量刻纹骨片。发现的石质鸟雕是目前东亚最早的石雕艺术品。

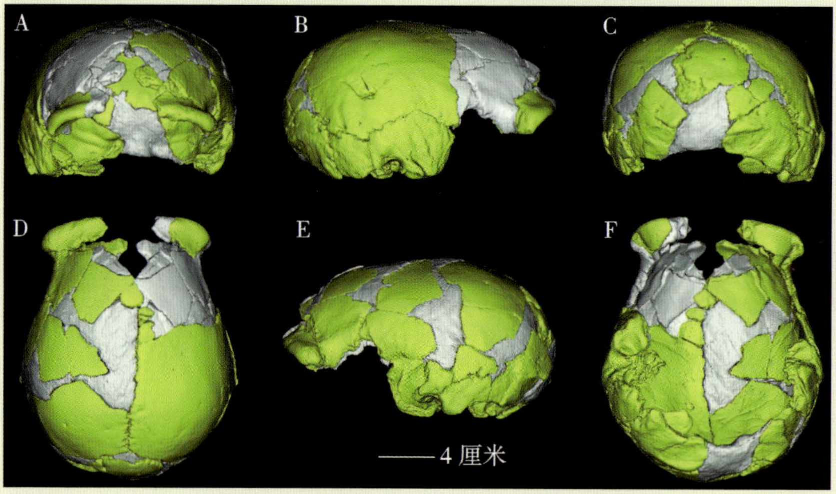

许昌人头骨复原

▲ 灵井“许昌人”遗址出土的细石器

刻纹骨片

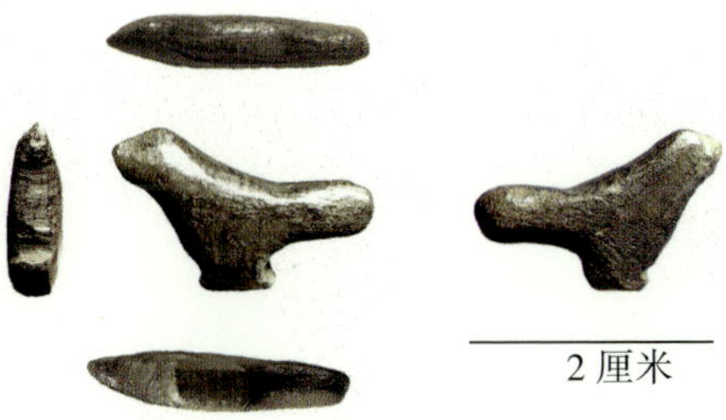

石质鸟雕

▲ 灵井“许昌人”遗址出土的刻纹骨片和石质鸟雕

用火狩猎，洞穴平原

在旧石器早中期，中原地区的石器工业存在着以三棱大尖状器—砍砸器为核心的大型砾石工业传统，到中晚期以刮削器—雕刻器为主流的小型石片工业逐渐兴起，至旧石器时代晚期，普遍出现小型燧石石叶或细石器的技术。

旧石器时代晚期，随着气候的变化、用火技术的发明，人类活动逐渐由洞穴走向平原。在郑州老奶奶庙发现的以灰烬堆积为中心的居住遗迹，以及数量众多的石制品与动物化石遗存，表明其具有临时性营地的性质。该遗址主要测年结果在距今4万年左右。北京大学考古文博学院、郑州市文物考古研究院的团队在老奶奶庙所在的嵩山东麓地区发现有近百处同期旷野型遗址，填补了中原地区以及东亚大陆这一阶段旧石器文化发现的空白，对于深入探索现代人类起源与发展提供了重要证据。

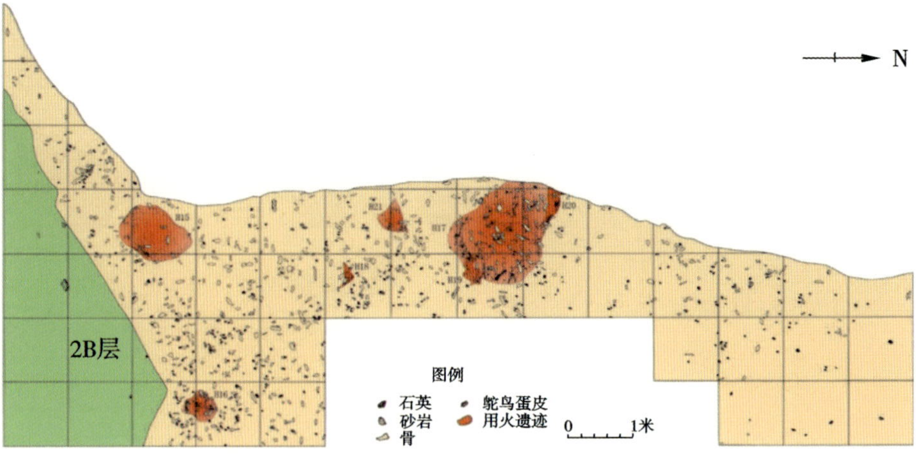

郑州老奶奶庙遗址2011年度发掘区3F层用火遗迹平面图

该阶段的荥阳织机洞、安阳小南海等两处洞穴遗址的发现依然重要，也表现了早期人类演化的漫长性和复杂性。

织机洞洞穴位遗址于荥阳王宗店村，出土石制品以小型刮削器、尖状器最为典型。发掘者根据动物化石和石制品判断其年代为距今10万—2万年，这为探索现代人起源演化提供了重要线索。

▲ 荥阳织机洞外观

小南海洞穴遗址位于安阳市小南海水库。出土的石制品中，燧石制品占90%以上，属于典型的燧石石片工业，它们以小型尖状器、刮削器为主，有类似细石器的石叶遗存。小南海洞穴遗址是华北平原地区首次发现的旧石器时代晚期洞穴遗址。

河南境内的旧石器时代考古发现，从实物上证明了我国存在着百万年的人类演化历史。不同阶段的旧石器遗存，在人类化石、石器技术等方面都显示出连续发展的特征。旧石器时代晚期遗址的数量明显增加，尤其是环嵩山周围地区露天营地的聚集、复杂的细石器工业、最早的石雕艺术品、刻纹骨片、用火遗存的普及等，表明这一时期中原腹地的人类行为复杂化或现代性已经出现。

▲ 小南海洞穴遗址出土的石制品

刀耕火种 文明肇始

新石器时代大约从距今1万年前开始，延续到距今4000年左右，是以使用磨制石器为标志的人类物质文明发展阶段。与旧石器时代相比，新石器时代石制品的种类和数量进一步增加，形态上也更加规整。俗话说“磨刀不误砍柴工”，这些磨制石器的出现，在很大程度上促进了生产力的变革，提高了当时的生产效率，为人类定居、原始农业的出现创造条件。随着用火技术的成熟，人们开始尝试烧制陶器，到新石器时代晚期，制作精美的彩陶成为早期中国文化圈的代表。在新石器时代末期，我国进入铜石并用时代，农业和畜牧业高度发展，人口急剧增加，社会复杂度程度不断提高，出现了原始城址、壕沟和大型公共建筑，开始有了城乡、阶级、贫富的分化，逐渐向国家文明时代迈进。

早期农业的出现是人类适应、改造自然的产物。“神农尝百草”的故事，勾勒出早期人类开始农耕、定居的原始图景。从旧石器时代晚期的“广谱革命”开始，除了狩猎活动外，人们有意识地掌握作物生长规律、食用特性等，开始对狗尾巴草、坚果（橡果等）、块根块茎类植物等有进一步的使用。虽然在新石器时代早期的遗存中仍然没有发现农作物的直接证据，但大量使用的植物类遗存，已经为早期农作物的驯化、农业的起源奠定基础。

万年李家沟，中原文化源

嵩山东麓李家沟遗址的发现，为中原地区早期农业起源研究提供了典型个案。该遗址位于河南新密岳村镇李家沟村西。2004年年底，郑州市文物考古研究院开展郑州地区旧石器专题调查时发现该遗址；2009年秋季，北京大学考古文博学院和郑州市文物考古研究院联合对

▲ 李家沟遗址出土的陶片

▲ 李家沟遗址出土的细石器

其进行抢救性发掘。该遗址包括上、下两层堆积。其中下部出土有细石核与细石叶等典型的细石器，属旧石器时代晚期的遗存；上部则出土有含绳纹及刻划纹等纹饰的粗夹砂陶片、细石器、磨制石器等。碳十四测年显示其年代为距今10 500—8600年，属于典型的旧石器时代向新石器时代过渡遗存。

动物考古研究表明，李家沟遗址细石器文化阶段和李家沟文化阶段的动物群均以食草类动物为主，但在细石器文化阶段主要为形体较大的马、牛及大型鹿类；到新石器早期的李家沟文化阶段，马和牛的数量骤减，鹿类动物也以小型居多。不同形体大小动物数量的增减，在一定程度上反映了人类狩猎对象的变化，显示出新石器时代早期可供人类食用的动物类资源总量的减少，肉类资源减少所带来的另一项变化，可能是植物资源开发利用的增加。

▲ 李家沟遗址出土的磨制石斧、石磨盘

裴李岗文化，最早的中原

自李家沟文化之后，中原地区发展起来的是以新郑裴李岗遗址发掘而得名的裴李岗文化，其年代为距今9000—7000年。发现遗址160余处，主要分布在环嵩山周围地区，在豫北安阳、豫西三门峡、豫南信阳、豫东周口等地也有发现。出土陶器组合以小口双耳壶、三足钵、深腹罐、鼎等为代表，石器常见的有锯齿石镰、舌形石铲、石磨盘与磨棒等，形成了中原地区年代最早、分布范围最大的文化共同体，是最早中原的雏形。裴李岗等遗址中发现有炭化的粟、黍、水稻等农作物种子，还有用于翻地的石铲、收割的石镰、加工的石磨盘与磨棒，说明农耕技术已经得到了发展，这也是人口增殖、聚落扩散、文化发展的物质基础和根本前提。

▲ 裴李岗遗址出土的石磨盘与石磨棒

新郑唐户，聚族而居

唐户遗址位于新郑市观音寺镇唐户村。包含有旧石器、裴李岗、仰韶、龙山、二里头、商和西周等不同时期的遗存，遗址面积约140万平方米，其中裴李岗文化的面积达30万平方米。2006—2008年，郑州市文物考古研究院为配合南水北调中线工程建设，对遗址进行全面调查和发掘，发现有裴李岗文化时期房址65座、灰坑或窖穴206个、墓葬2座、灰沟5条。该遗址可分为5个相对集中的居住区，是目前经过考古发掘揭露面积最大、发现房屋最多的裴李岗文化时期的聚落遗址。聚落内部房屋聚集和分区存在，应是血缘家庭聚族而居的实证。

▲ 唐户遗址房址

▲ 唐户遗址F21出土的陶器

郏县水泉，聚族而葬

水泉遗址位于郏县安良镇水泉村。1986—1989年，中国社会科学院考古研究所河南一队对其进行发掘，在1980平方米的发掘区域内，发现墓葬120座、灰坑83个、陶窑2座。墓葬排列有序，多数东西成列、南北成排，可分为3个相对集中的单元，中间以灰坑分开，在某些程度上，不同的墓区可能代表着不同的血缘关系。烧土面和个别灰坑等遗迹，可能属于祭祀遗存。

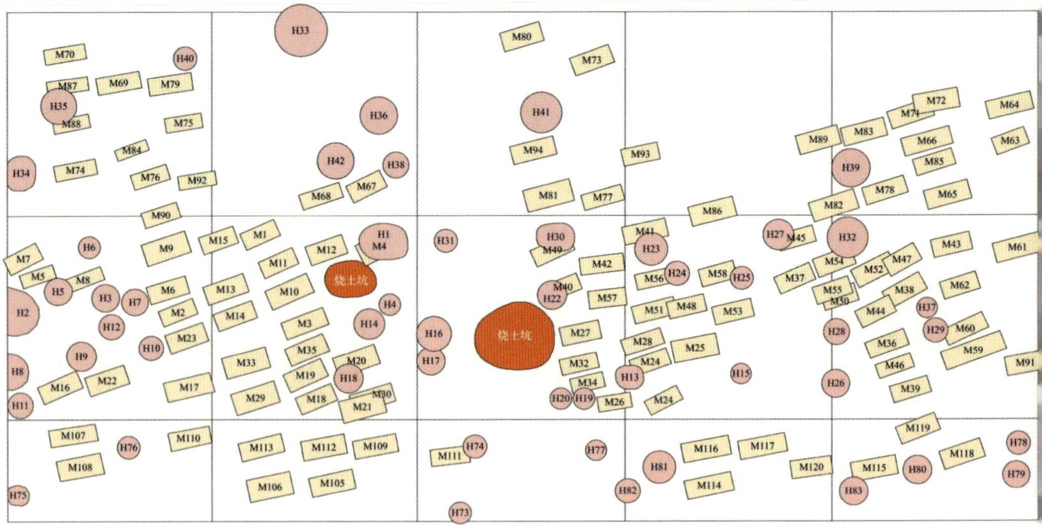

▲ 水泉裴李岗文化墓地遗迹分布图

贾湖骨笛，龟甲刻符

贾湖遗址位于河南漯河市舞阳县北舞渡镇贾湖村东。1983—2013年，河南省文物考古研究所（院）等单位先后对其进行过8次考古发掘，发现有迄今所知世界上最早的五声至七声音阶骨笛、最早的人工酿造的含酒精饮料、中国最早的家猪、最早的用龟现象，以及最早的具有文字性质的甲骨契刻符号等。

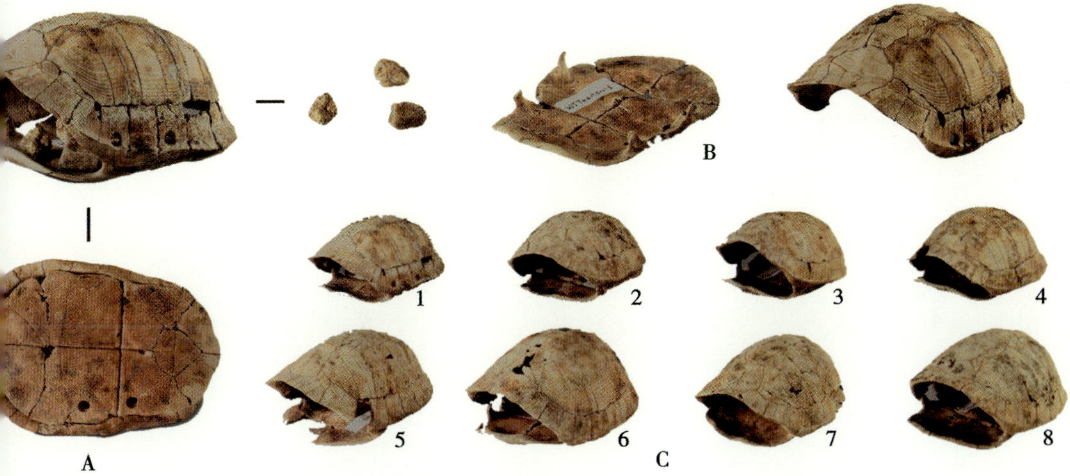

A、B. H502:3；C.H502:3—10。

贾湖遗址H502出土的龟甲

1. 龟腹甲(M144:18)刻符

2. 龟腹甲(M144:18)刻符细部

3. 石器(H141:1)刻符

4. 龟背甲(M387:4)刻符

5. 龟腹甲片(M335:15)刻符

▲ 贾湖遗址出土刻符

仰韶文化，炎黄一统

继裴李岗文化之后发展起来的为仰韶文化，年代为距今7000—5000年。仰韶文化以1921年瑞典安特生发掘的渑池仰韶村而得名，是近代中国考古学的诞生地。仰韶文化也是中国考古学史上命名的第一个考古学文化，在仰韶文化发现和中国现代考古学诞生一百周年时（2021年），习近平总书记曾专门致以贺信。

从目前的考古材料看，仰韶文化主要分布在以中原为核心的黄河中游地区。这一阶段，以彩陶为代表的文化共同体初步形成，其影响北抵阴山，东到大海，南至长江，西达甘青，奠定早期中国的文化基础。这一时期有发达的建筑技术、彩陶艺术、原始信仰、跨区域文化交流互动，有显著的聚落群聚现象，孕育了早期城市，形成了以双槐树遗址为代表的河洛古国。结合古史传说，仰韶文化中晚期与黄帝时代大体相当。

经过100多年的时间，考古工作者发掘出数量众多的仰韶文化遗址，河南境内较为重要的有濮阳西水坡、郑州大河村和西山、三门峡庙底沟、灵宝西坡、巩义双槐树等遗址。

濮阳西水坡，中华第一龙

西水坡遗址位于濮阳县城西南隅。1987年5月至1988年9月，为配合引黄调节池工程建设，河南省文物研究所联合濮阳市文管会等单位对其进行发掘，发现较为丰富的仰韶文化早期遗存，尤以仰韶文化时期三组蚌塑龙虎图案最为重要。蚌图分成3组，直线式排列，却不相连。第一组图中间有男性骨架，头朝南，两侧摆塑龙虎图形；第二组在第一组南面，蚌图为龙、虎、鹿和蜘蛛；第三组位于第二组南面，摆塑人骑龙与虎等。三组蚌塑中都有龙、虎图像，其中第一组图中间有男性骨架，头朝南，两侧摆塑龙虎图形，生动逼真，是中国迄今已知保存最早最完整的龙虎图形。西水坡的龙虎图案，对后世二里头遗址绿松石龙形牌饰、西汉梁孝王墓四神云气图“青龙”都产生了一定影响，对探索中华文明起源、龙的起源与中国早期宗教、天文历法研究等都有重要意义。

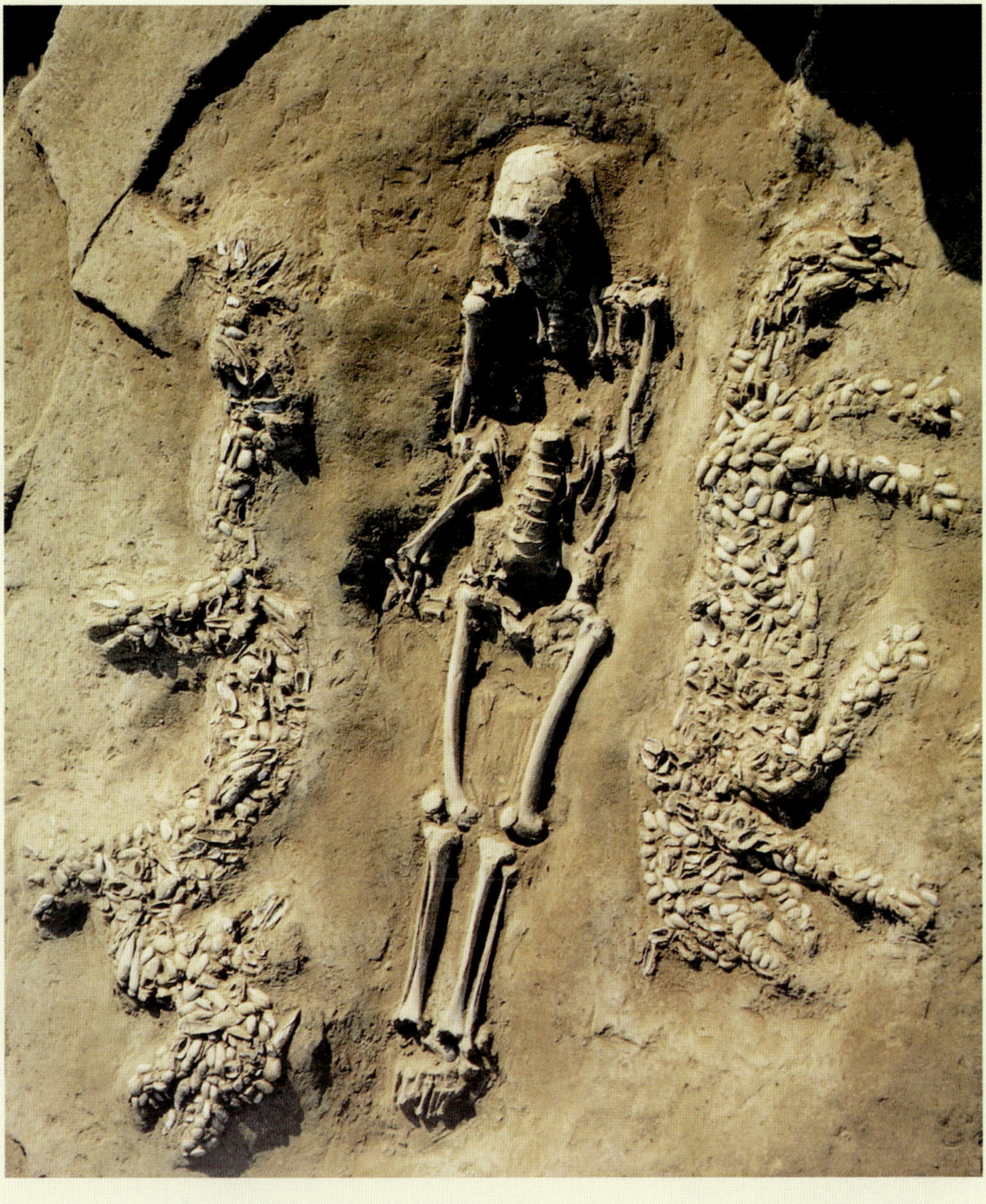

西水坡蚌塑龙虎图

郑州大河村，排房彩陶精

大河村遗址位于郑州市东北部，自1964年发现至今，先后进行了20余次考古发掘工作，揭露有保存较好的多间排房，出土大量精美的彩陶等。最新的考古发现表明，其还有城墙和壕沟等重要遗迹。大河村遗址文化连续、内涵丰富，包含有仰韶文化、龙山文化及夏商文化遗存，是仰韶文化研究的重要时代标尺，为研究中华民族五千年的文明史提供了珍贵的实物资料。发现的大型红烧土排房、精美的彩陶等，对探索史前聚落形态、社会结构、文化交流意义重大。

▲ 大河村遗址出土的彩陶

▲ 大河村遗址红烧土排房建筑

庙底沟时代，最初的中国

庙底沟遗址位于三门峡市209国道以东、原陕州老城南关附近，面积约36万平方米。1956年，为配合三门峡水库建设，文化部核中国科学考古研究所联合组成黄河水库考古工作队对遗址进行发掘，发现仰韶文化（庙底沟类型）和龙山文化时期（庙底沟二期文化）遗存。2002—2003年，配合国道310线三门峡市城区段拓宽，河南省文物考古研究所等单位联合对庙底沟遗址进行了大规模的抢救性发掘，发现了仰韶文化庙底沟类型、西王村类型及庙底沟二期文化时期的不同遗存，出土了一批丰富的材料，尤其是复原了一大批精美的彩陶。庙底沟遗址以彩陶曲腹钵与曲腹盆、双唇尖底瓶、鼓腹罐、釜、灶为代表的陶器群具有明显的特色，使它成为仰韶文化繁荣时期的代表性遗址。

▲ 庙底沟遗址出土的彩陶盆

西坡北阳平，黄帝铸鼎处

西坡遗址是铸鼎原遗址群中较大的一个，现存面积达40万平方米。自2000年以来，中国社会科学院考古研究所、河南省文物考古研究所（院）等单位对遗址进行了8次考古发掘，共发掘仰韶文化中期特大型房址2座、中型房址3座、灰坑百余座、墓葬34座以及遗址南北两侧的壕沟。该遗址曾入选2006年度全国十大考古新发现。

铸鼎原遗址群以北阳平遗址为核心，位于灵宝市黄帝铸鼎原周围及沙河流域，总面积4.36平方千米。它是“中华文明探源工程”实施的重点区域之一，也是“考古中国·中原地区文明化进程”项目中的重要遗址，与“黄帝铸鼎于荆山”的古史传说密切相关。

西坡 M27 全景

郑州之西山，中原第一城

西山城址位于郑州市惠济区古荥镇枯河北岸的二级台地上。1984年，郑州市文物工作队调查发现。1992年，河南省文物局在西山遗址举办首届考古钻探领队培训班。1993—1996年春，国家文物局在此先后举办3期全国考古领队培训班，并进行了考古发掘实习，前后历时5年，发现一座仰韶文化城址以及大量的窖穴、灰坑、房基和墓葬等遗迹，出土了大批陶、石、骨、蚌器等文化遗物。西山城址是中原地区年代最早的版筑城址。

▲ 西山城址夯层

巩义双槐树，河洛古国在

双槐树遗址位于河南省巩义市河洛镇双槐树村南的高台地上，北面黄河，东接虎牢关，南依嵩山余脉五指岭，西临洛水，现存面积约117万平方米。遗址包含有裴李岗文化、仰韶文化、龙山文化遗存，其中仰韶文化中晚期遗存最为丰富。发现有仰韶文化中晚期的三重大型环壕、具有瓮城结构的围墙、封闭式排状布局的大型中心居址、三处夯土祭祀台遗迹、与丝绸起源有重要关联的最早牙雕家蚕、多处人祭或动物祭遗迹，以及制陶作坊区、储水区、道路系统等，出土了一大批重要遗物。双槐树遗址在同期黄河流域中是规模最大、等级最高、社会分化程度最明显的，相关考古发现是填补中华文明起源关键时期、关键地区的关键材料，也是研究黄帝时代中原地区文明化进程非常重要的材料，因此双槐树遗址被相关学者命名为“河洛古国”。

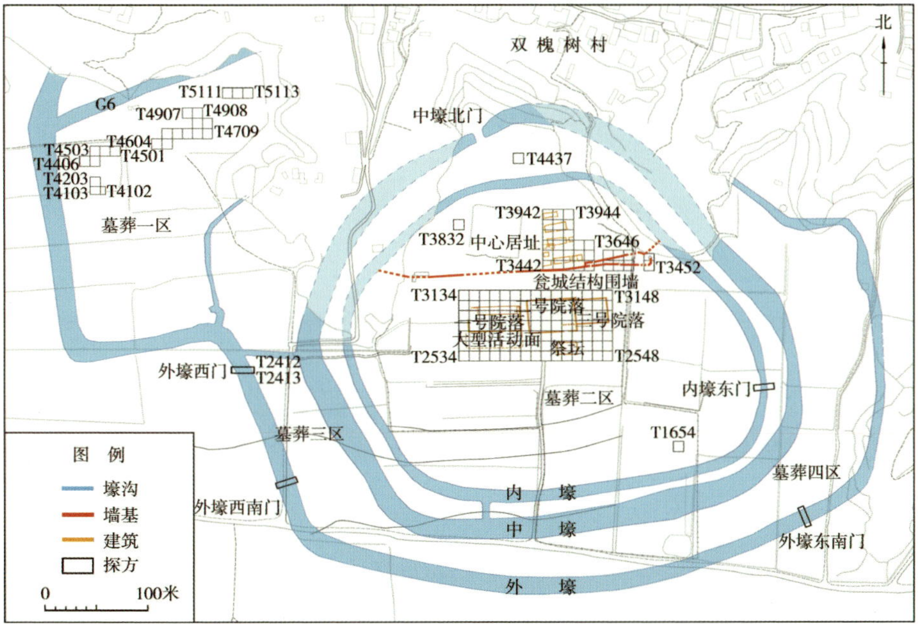

双槐树遗址探方及重要遗迹平面分布图

古城古国，文明曙光

中原仰韶文化的持续发展，出现了最早的“中原城市群”，诞生了河洛古国。仰韶时代中晚期，郑州西北郊出现了西山城址，大河村、汪沟、青台、点军台等大型环壕聚落，后庄王、朱寨、孙庄、站马屯、楚湾等众多中小型聚落群。聚落分级明显的复杂化现象，是当时社会、经济持续发展的产物，也是以双槐树遗址为核心的河洛古国存在与发展的重要支撑，代表着早期政治、经济、文化共同体的形成与发展，为夏商周三代王国文明的诞生奠定基础。仰韶文化为中华五千年文明的发展和最终形成奠定了重要基础，综合来看，主要有以下几点。

1.以人为本，重视农桑

民以食为天，仰韶文化的发展，遍布中原大地的众多遗址的出现，其重要前提是农业生产得到发展，以荥阳汪沟遗址出土炭化植物种子的研究为例，这个遗址农作物的出土概率高达80%，以粟（小米）为主，还包括黍、水稻、大豆等，五谷已经具备了4种。粮食剩余的另一种表现是家畜饲养，家猪已经成为仰韶文化遗址最主要的肉食动物来源之一，在西山、大河村等不少仰韶文化遗址中还发现有用整猪埋葬祭祀的现象。

从现有考古资料看，仰韶文化时期的纺织技术比较成熟，如双槐树遗址的牙雕蚕塑，青台、汪沟等遗址发现的丝织物痕迹等，表现出成熟的养蚕缫丝技术，这与嫘祖养蚕缫丝的传说故事密切相关。

▲ 双槐树牙雕蚕

2. 公共服务，血缘纽带

值得注意的是，到仰韶文化中晚期，城址、壕沟和大型房屋等在西坡、西山、双槐树等高等级聚落中出现，部分学者对西坡大房子地面提取残留物分析，发现宴饮使用酒的相关证据。统一规划、排列有序的大型家族墓地依然存在，双槐树遗址发现有3处大型墓地，其中有一处以夯土祭坛为核心、周边分布大型墓葬的现象，这些都是以血缘为基础的人类早期社会发展到一定阶段的产物。

▲ 西坡遗址大房子F106

3.天文历法，礼制开创

司马迁在《史记·历书》中写道："神农以前尚矣。盖黄帝考定星历，建立五行，起消息，正闰余，于是有天地神祇物类之官，是谓五官。"濮阳西水坡龙虎蚌塑，不少学者就认为已经具有某些天文学上的意义，双槐树、青台遗址发现的北斗九星遗存，进一步丰富了人们对属于黄帝时代仰韶文化天文历法掌握情况的认知。

▼ 青台遗址北斗九星遗迹

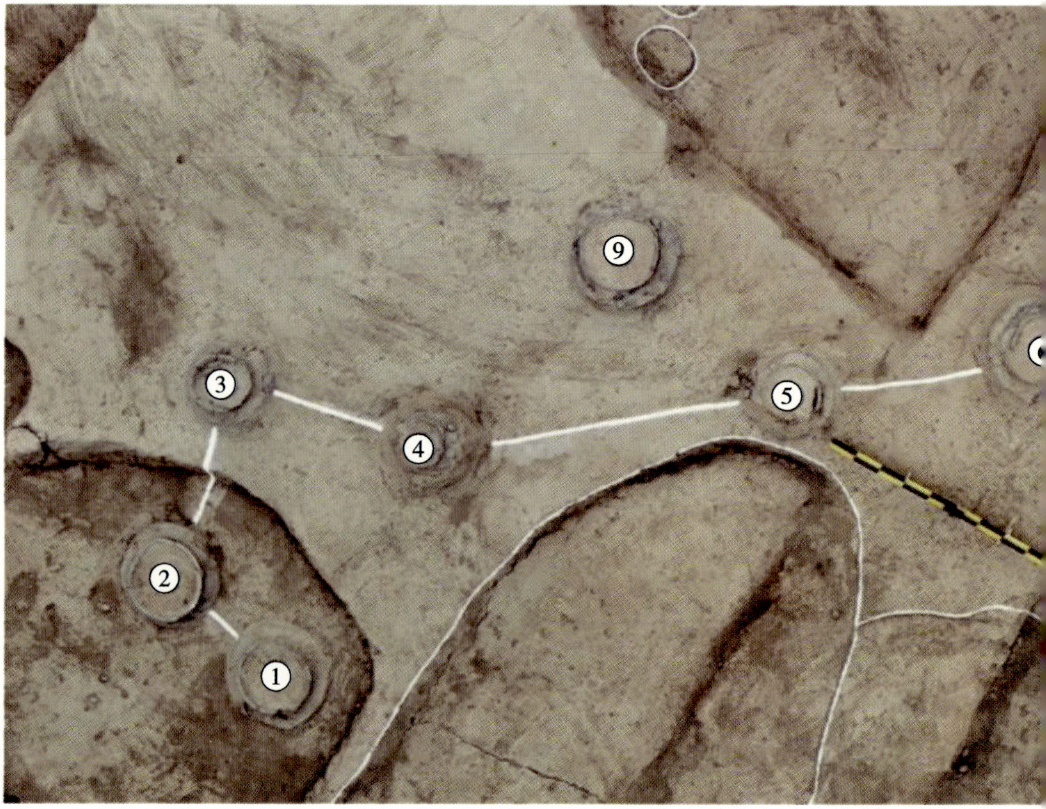

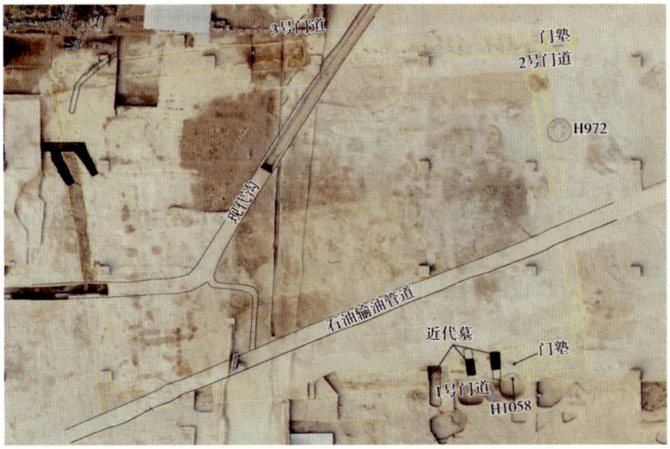

双槐树二号院落全景（堂庑一体、一门三道）

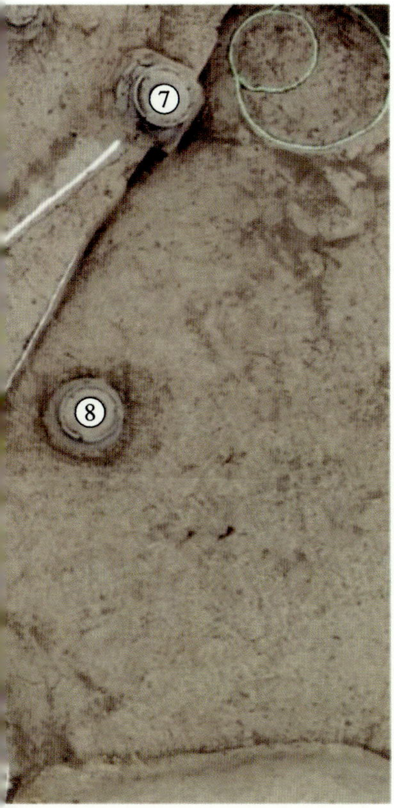

这些天文遗迹一般都与高等级遗迹如建筑、祭祀遗存等共同出现，是礼制开创的重要证据。双槐树遗址中心居住区便已经具有中轴对称的布局模式，其南侧的二号院落属堂庑一体式建筑，南侧门塾采用一门三道的布局，为夏代二里头文化高等级宫殿建筑布局找到了源头。

龙山时代，万邦林立

经历仰韶文化的发展，到距今5000—4000年的龙山时代，中原和周边地区的文明化、一体化进程加快。这一时期相当于文献记载中的尧、舜、禹时期。其中，学术界普遍认为襄汾陶寺遗址为尧都平阳所在地，舜的活动范围主要在河济地区，禹主要在嵩山地区。这一阶段出现不少城址，西山、双槐树等遗址的使用也延续到龙山时代早期。大量城址的出现，与《尚书·尧典》记载的“百姓昭明，协和万邦”的情况大体接近。

龙山时代晚期分布于嵩山周围地区的王湾三期文化被学术界普遍认为是鲧、禹相关的遗存；位于安徽蚌埠的禹会村，被认为是“禹会诸侯于涂山”的地方。《古本竹书纪年》《史记》《左传》等文献记载“禹都阳城、启居阳翟”，登封王城岗、禹州瓦店被学术界认为是这两个都城的所在地，在王城岗发现有大量的殉人奠基坑，在瓦店发现有占卜用的卜骨、高等级玉器等。

1. 王城岗遗址

王城岗遗址位于郑州市登封市告成镇八方村东侧的土岗上，面积约50万平方米。1956年春调查时发现，1977—1981年河南省文物研究所对其进行发掘，主要有王湾三期文化和二里头文化的遗存，较为重要的是东西并列的两座小城的发现，其中西城面积约1万平方米，城内发现有奠基坑和几处夯土残基址。2002—2005年，为配合中华文明探源工程，河南省文物考古研究所和北京大学考古文博学院在小城址的西面发现了一座龙山文化晚期的大城，大城由夯土城墙和城壕组成，总面积约34.8万平方米。考古发现表明，登封王城岗遗址是龙山时代晚期嵩山南麓具有都邑性质的大型聚落，有学者认为其可能是禹都阳城。

▲ 王城岗遗址总平面图

2. 瓦店遗址

瓦店遗址位于禹州市火龙乡瓦店村东北，面积约100万平方米。1979年，河南省文物研究所和禹州市文物管理所联合对颍河两岸进行考古调查时发现。1980—1982年，河南省文物研究所与郑州大学历史系考古专业对瓦店遗址进行了3次考古发掘，主要为龙山文化时期的遗存。1997年、2007—2010年，为配合夏商周断代工程和中华文明探源工程，河南省文物考古研究所等对其进行多次发掘，发现遗存以王湾三期文化为主，如地面起建的大型建筑基址、奠基坑、大型环壕设施等遗迹，出土有精美的陶酒器、玉鸟、玉璧、玉铲和大卜骨等遗物。瓦店遗址的发掘和研究，为探索龙山至夏文化的变迁提供了重要证据。根据其年代和地望，以及文献考证，有学者认为其可能为启都阳翟。

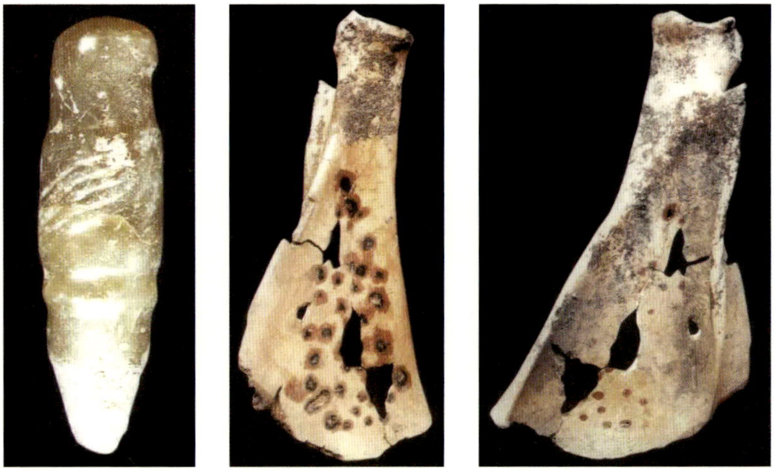

▲ 瓦店遗址出土的玉鸟、大卜骨

除以上两处遗址外，中原地区发现的同期城址还有十余处。另外，在新密新砦发现有大型浅穴式祭祀遗存——坎；古城寨发现有带有回廊的堂庑分离式大型夯土宫殿建筑基址，形制与二里头时期宫殿近同。

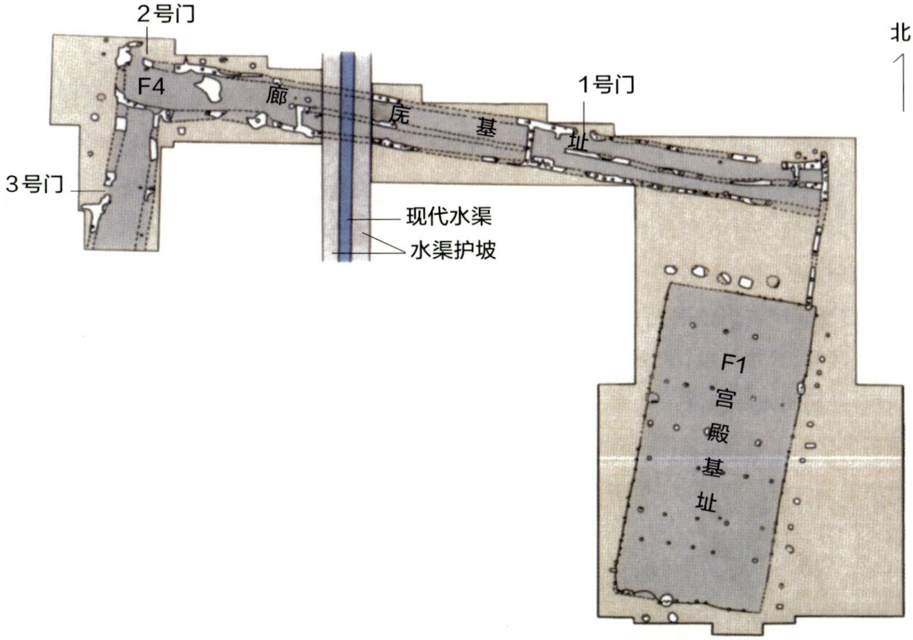

▲ 新密古城寨大型宫殿建筑基址

▼ 新密新砦遗址大型浅穴式祭祀遗存——坎

《尚书·禹贡》记载“禹别九州，随山浚川，任土作贡”，说明禹地当时已建立了一套相对完备的行政、水利、贡赋体系。从事古环境研究的学者发现，在许多城址都发现洪水的迹象。这说明城址的修筑，与大禹治水的记载有一定关联。在淮阳的平粮台，发现有方形、中轴对称的城址布局，沿中心道路两侧，铺设有陶质排水管道，这种水利设施的出现，体现了当时先进的城市规划、水利设施理念。

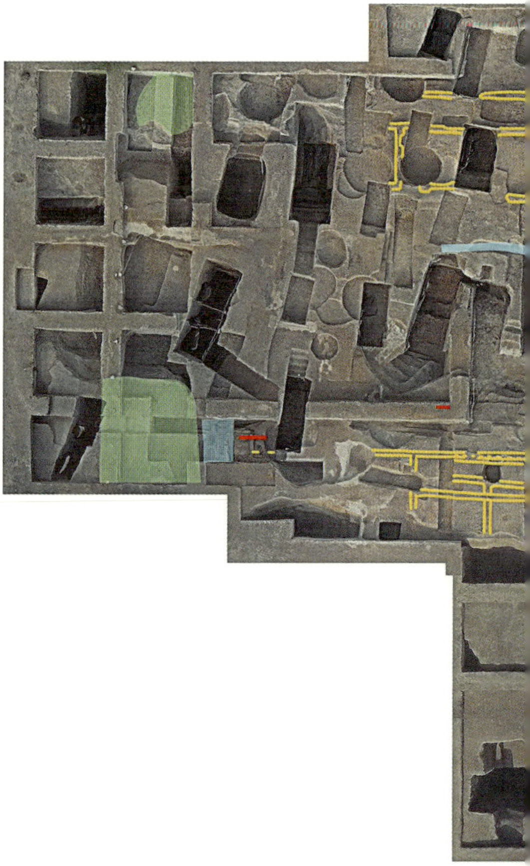

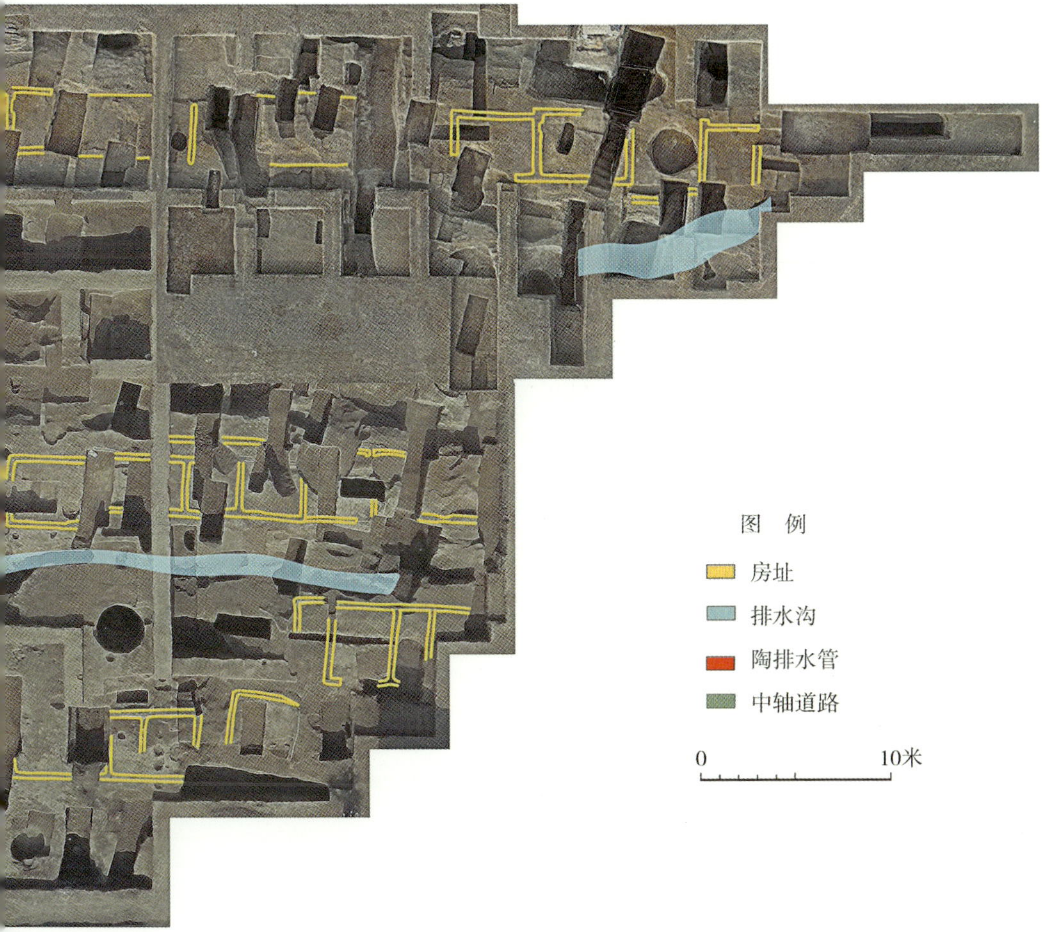

▲ 平粮台城址中轴线与排水管道

近年来，在淮阳平粮台附近，还发现了我国最早的仓城——淮阳时庄。城址内分布着圆形、方形地面式土仓，浮选、残留物分析都显示出农作物痕迹，其测年已经到距今3800年左右，应是夏代朝贡体系中一处重要的粮仓。

就目前的考古资料来看，河南龙山文化晚期（王湾三期文化晚期）的登封王城岗、郾城郝家台、新密古城寨等古城址的发现，以及再远些的淮阳平粮台、辉县孟庄等古城址的发现，与古代文献记载夏初前后万国林立的情形是大体相符合的。

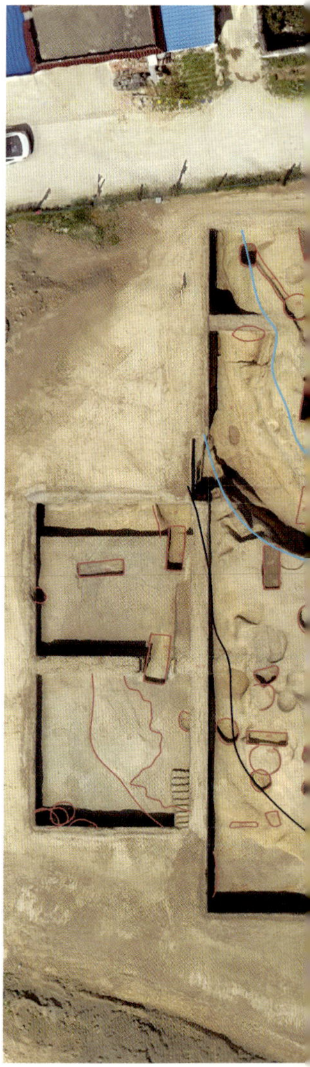

北
说 明
已发掘的排水洼地
台地范围
夯土墙
居住连间房F1
夏代早期粮仓
夏代早期遗迹
东周壕沟
东周及以后遗迹
0
10米

▲ 淮阳时庄平面图

在王城岗、新砦都出土有铜砷合金，部分可能为青铜容器盉的口沿；王城岗、瓦店陶器还发现有不少刻划符号，不排除已经出现文字的可能。这些都与文献记载中的夏密切相关，一些早期的青铜器铭文上，记载有禹的事迹。如西周中期的遂公盨铭文记载："天命禹敷土，随山浚川，乃差地设征，降民监德，乃自作配乡民，成父母。生我王作臣，厥沫唯德，民好明德，寡（顾）在天下。用厥邵（绍）好，益干（?）懿德，康亡不懋。孝友，讦明经齐，好祀无䰠（愧），心好德，婚媾亦唯协。天厘用考，神复用祓禄，永御于宁。遂公曰：民唯克用兹德，亡诲（悔）。"这应是"大禹治水"最早的文献记录，与《尚书·禹贡》的内容基本一致。

最近出版的《夏商周断代工程报告》（科学出版社2022年版），以公元前2070年为夏代始年，若是如此，这一阶段的王湾三期文化应是早期夏文化的重要源头。

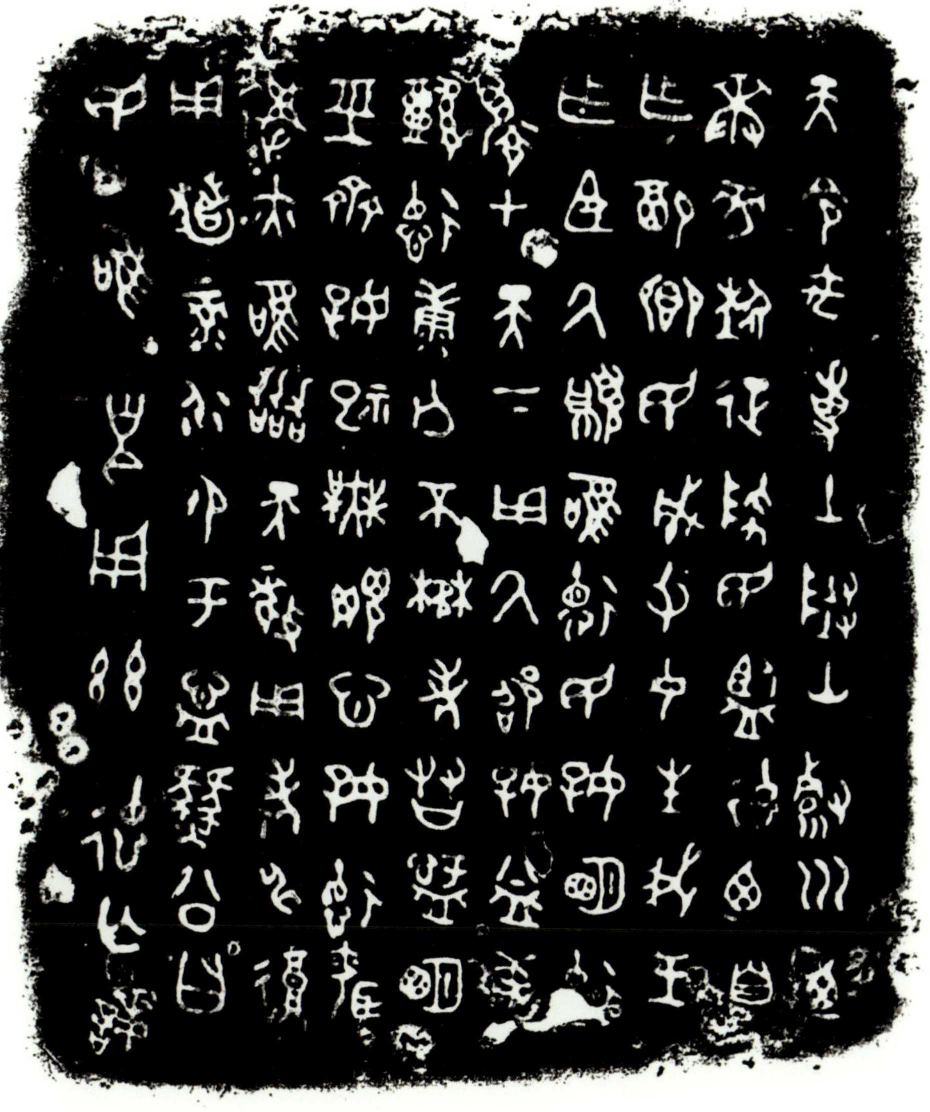

西周中期的遂公盨铭文

宅兹中国　礼乐相成

夏商周时代，是中国历史发展的重要阶段，更是中国文化发展的关键时期。中国文化的许多重要范畴、观念正是在这个时期奠基、形成的。

《礼记·表记》用概括性的语言，描述了三代文化的演变及历史特点："夏道井命，事鬼敬神而远之。……其民之欲，蠢而愚，乔而野，朴而不丈。殷人尊神，率民以事神。……其民之蔽，荡而不静，胜而无耻。周人尊礼尚施，事鬼敬神而远之。……其民之敝，利而巧，文而不渐，贼而蔽。"

以郑州—洛阳为核心的中原腹地，自中国历史上第一个王朝夏王朝建立之始，就长期作为正统王朝或大一统王朝的都城所在地。以中原腹地为都城和核心活动区域的夏商周文明，既是中华文明早期发展阶段的集大成者，也是中华文明主根主脉上最关键的阶段，具有承上启下的重大意义。中华文明绵延五千年，最关键的是以中原腹地为核心的夏商周文明连接的中华文明主根主脉连续不断。

根据“国家是文明社会的概括”这一马克思主义经典论述，超大型聚落的进一步发展就是早期国家，与此同时，核心聚落便演化成国家的政治中心——都邑。而早期国家的诞生就意味着踏入了文明大门。经过多方面发掘研究，我们认为，距今4000年前后，中原地区持续崛起，文明进程进入以中原地区王朝为引领的文明一体化进程，由古国文明向王国文明（夏王朝）过渡。

禹夏启都，王朝肇始

夏后氏禹居阳城。 ——《古本竹书纪年》

禹辞避舜之子商均于阳城。 ——《史记·夏本纪》

夏启有钧台之享。 ——《左传·昭公四年》

夏居河南，初在阳城，后居阳翟。

——《史记·周本纪·集解》

王城岗遗址位于嵩山南麓的登封市告城镇西部。这里是颍河流经的登封中部的低平谷地。自1959年对该遗址开始调查，数十年的发现与研究，是学术界探索夏文化的一个缩影。王城岗遗址面积较大，文化遗存丰富，遗址现存面积约50万平方米，包含裴李岗文化、仰韶文化、龙山文化、二里头文化、商代文化、西周文化、春秋文化、汉唐及宋元明以后各个时期的文化遗存，可谓上下八千年，传承不绝。

▲ 王城岗遗址出土的人头骨

▶ 王城岗遗址城墙夯土

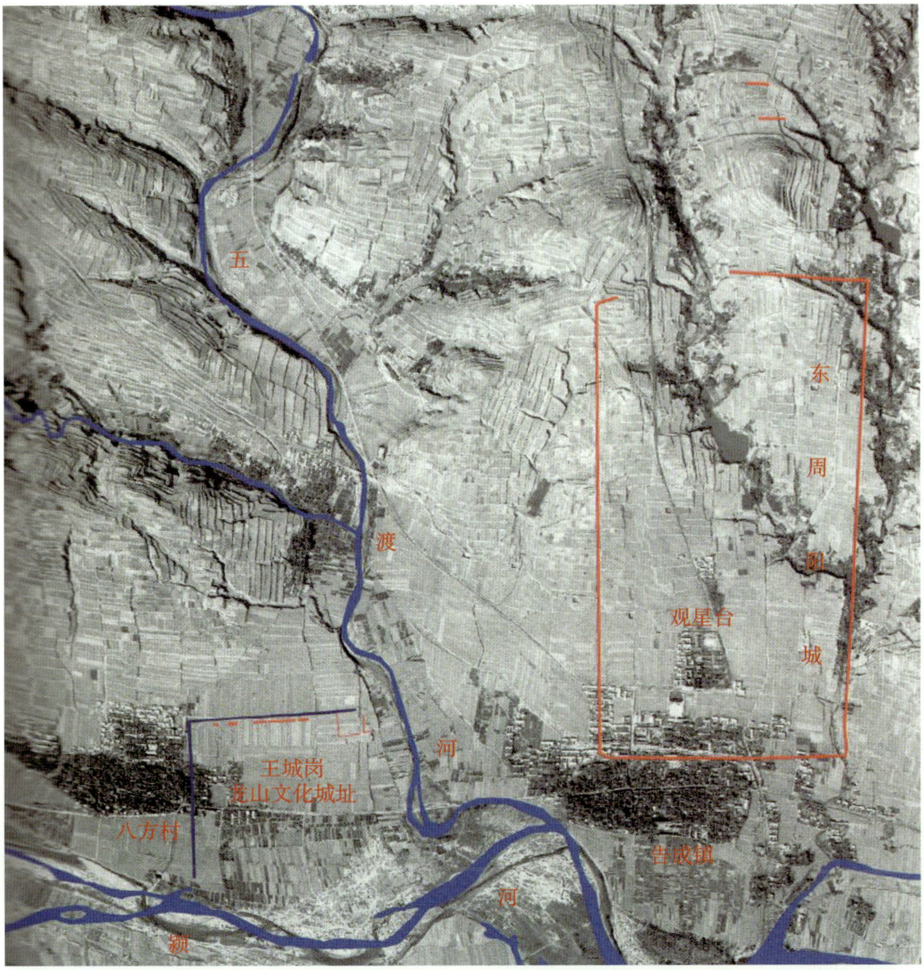

▲ 王城岗龙山文化大城与东周阳城航拍照片

瓦店遗址位于禹州市火龙乡瓦店村东南部和西北部的台地上，这里为颍河右岸的二级台地。1979年，瓦店遗址被发现。1997年，由河南省文物考古研究所负责的“夏商周断代工程——夏代年代学研究”课题组中的“早期夏文化研究”专题组，根据研究需要，对瓦店遗址进行了考古发掘工作，发掘面积180平方米。此次发掘发现的龙山文化晚期遗存十分丰富，其中遗迹有房基、灰沟、灰坑、奠基坑、窖穴、墓葬等，遗物以陶酒器、玉器和大卜骨为代表。

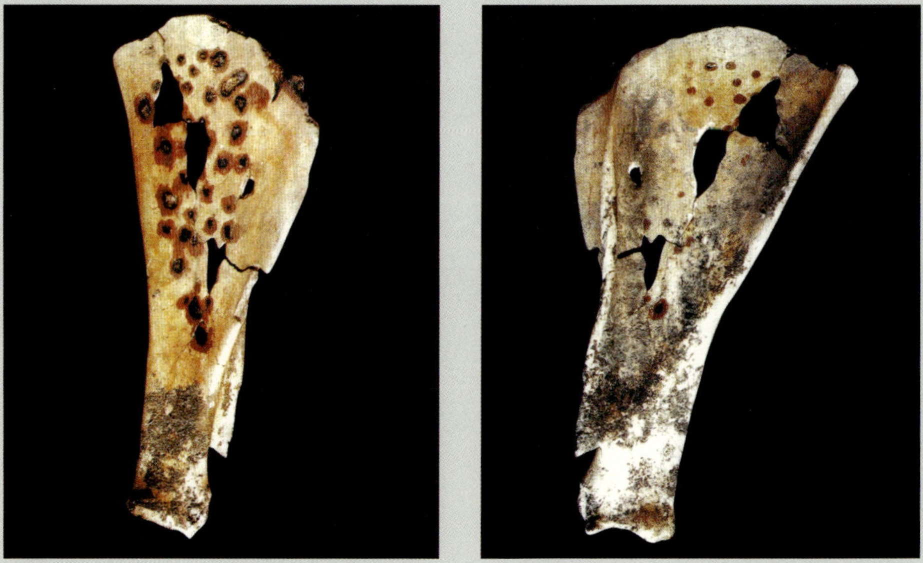

禹州瓦店出土的遗物卜骨（正面与背面）

通过考古钻探和发掘得知：瓦店遗址由相连的西北台地和东南台地两部分组成。西北台地龙山文化时期环壕面积约40万平方米，东南台地环壕面积约60万平方米，瓦店遗址现存总面积约100万平方米，是目前所知河南境内龙山文化时期最大的聚落遗址。

作为河南龙山文化晚期（王湾三期文化晚期）的瓦店和王城岗龙山文化遗存是早期夏文化遗存之一，主要根据如次：

第一，据古代文献记载，河南嵩山地区是夏人立国前后的主要活动地域，与早期夏文化有关的禹居阳城、启都阳翟和太康居斟鄩的地望就在嵩山南北的登封、禹州、巩义或偃师境内。

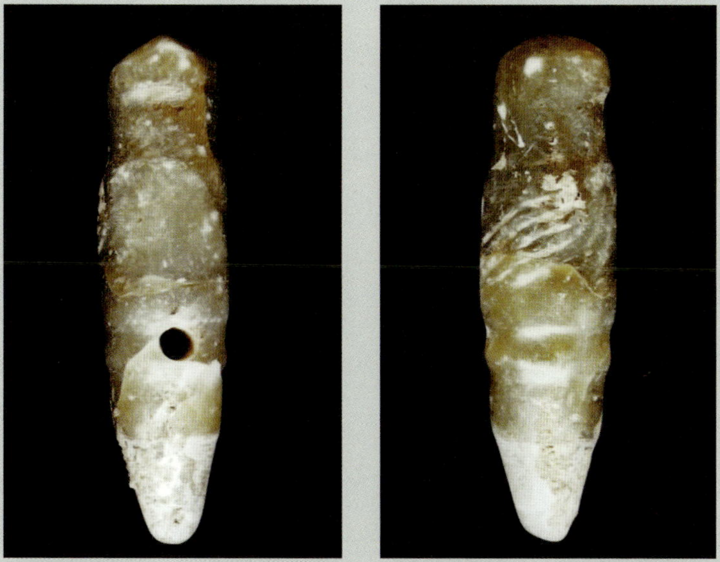

禹州瓦店出土的遗物玉鸟（正视与侧视）

第二，一般认为夏王朝始建于公元前21世纪。根据“夏商周断代工程”的研究成果，被一些学者视为夏文化的二里头文化一期至四期的碳十四测年为公元前1780—前1521年，前后经历了300年，二里头文化开始的年代为公元前18世纪。而在此之前的河南龙山文化晚期（王湾三期文化晚期）的年代为公元前2190—前1965年，可能就是夏代的始年（即公元前21世纪）时的遗存。

第三，河南龙山文化晚期（王湾三期文化晚期）与二里头文化早期遗存之间的紧密相连的关系是其他任何考古遗存所无法比拟的。可以说，二里头文化主要是由河南龙山文化晚期发展而来的。

夏都二里头

距今约3800年的偃师二里头遗址已基本可以确定为夏王朝晚期的都城遗址。从这一时期以及更早之前的一些时候，中原地区已经确切地形成了更为成熟的文明形态，并向四方辐辏文化影响力，成为中华文明总进程的核心与引领者。

二里头遗址是同时期全国范围内规模最大的都邑性遗址。“九宫格”式的聚落布局，恰似对应古九州之说。在二里头遗址中部，发现了面积达10万平方米的宫城，城内发现多座体现中轴线理念、呈左右对称布局的宫殿。在宫城以南，发现了生产铜器和绿松石器等高等级产品的手工业作坊区，说明这一时期的王权已经完全控制了高等级手工业制品的原料、生产、分配，为礼乐制度提供了物质基础。

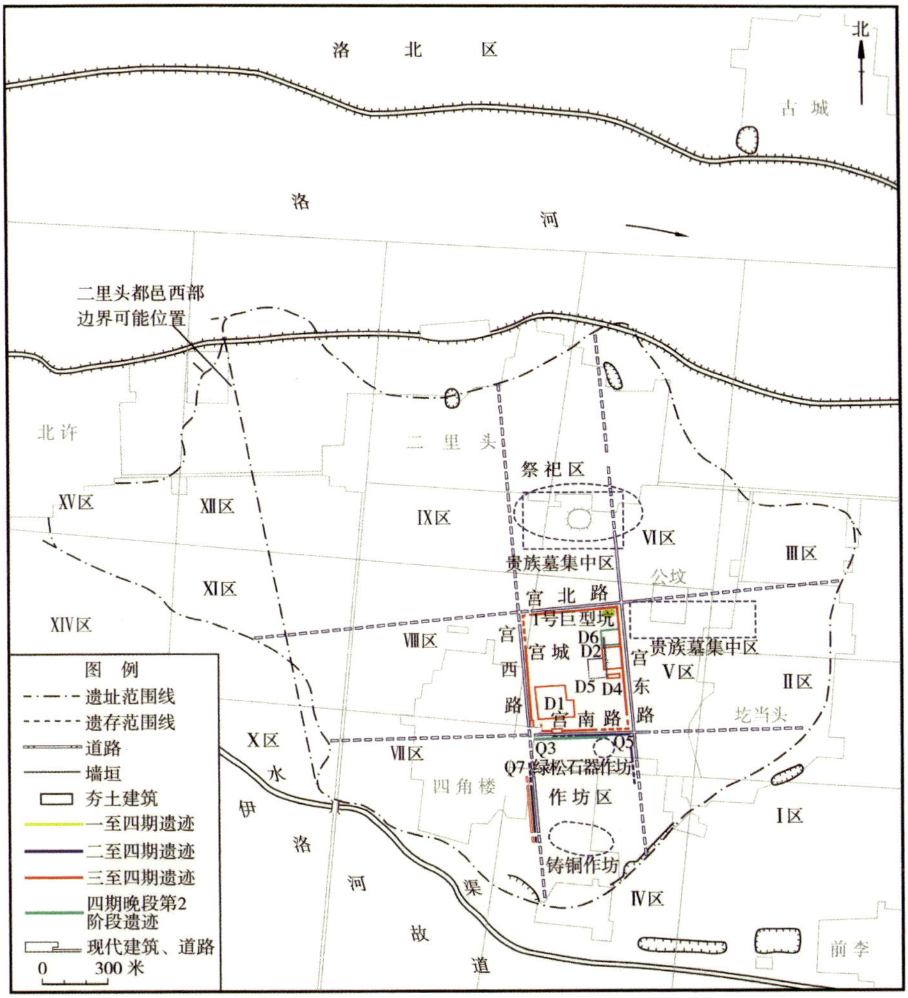
洛　北　区
古城
北
洛
河
二里头都邑西部
边界可能位置
北许
二　里　头
祭祀区
XV区
XII区
IX区
VI区
III区
贵族墓集中区
公坟
XI区
宫北路
XIV区
1号巨型坑
VIII区
D6
宫城
D2
贵族墓集中区
宫西路
宫东路
V区
II区
D5
D4
D1
宫南路
圪当头
X区
Q3
Q5
VII区
Q7
绿松石器作坊
水
四角楼
作坊区
I区
伊
洛
铸铜作坊
河
渠
IV区
故
道
前李
图例
遗址范围线
遗存范围线
道路
墙垣
夯土建筑
一至四期遗迹
二至四期遗迹
三至四期遗迹
四期晚段第2
阶段遗迹
现代建筑、道路
0
300米

▲ 二里头遗址平面图

▲ 二里头遗址1号宫殿基址复原图

礼序人伦，乐移风俗

二里头文化时期是中原地区文明中心地位的确立期。在二里头遗址，很多初见于陶寺、石峁等夏代之前的都邑性遗址的礼仪性用具，如玉璋、玉刀、石磬、铜铃等，得以规范化、制度化，形成具有华夏风格和文化内涵的礼器制度。二里头都邑创造的青铜容器铸造技术，发现的成组青铜礼器群，形成了基本的礼器组合和青铜礼器制度，为此后商周王朝继承并进一步发展，禹铸“九鼎”成为后世王朝深刻的历史文化记忆，“九鼎”成为中国古代国家王权的象征。突出例证是，这些礼仪用具在黄河上游和下游、长江上中下游地区、华南地区，甚至远至越南北部都有发现。夏王朝独创的一整套礼仪制度对周围各地区施加了强烈的辐射，形成了中国历史上第一次“王朝气象”。

▲ 青铜鼎

▲ 青铜斝

▲ 青铜爵

▲ 嵌绿松石铜牌饰

▲ 绿松石龙形器

早期商都郑州商城

商文化对夏文化的继承与发展，开启了中华文明主根主脉传承的新阶段，夏文化成为中华文明长期传承的文化基因。商王朝早期都城和四方的城邑继承了很多夏王朝的政治遗产和文化基因，并有很多新的发展，开启了中国古代核心文化和都城文明一脉相承的历史传统。

郑州商城宫殿遗址

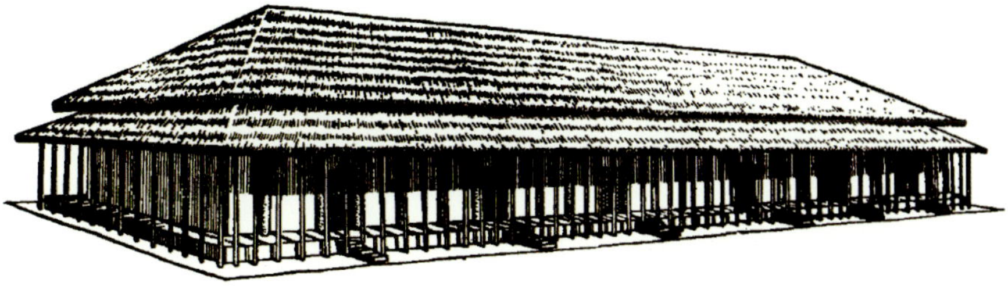

郑州商城C8F15宫殿基址复原图

郑州商城是一座拥有宫城、内城和外郭城的规模庞大的城址。郑州商城内城约300万平方米、外城不少于1000万平方米，是商王朝早期规模最大、规格最高的王都，文化面貌呈现出四方来聚的多元风格。郑州商城是一座比安阳殷墟更为古老的商代王都，建筑宏伟，气势磅礴。在城内以宫殿区为中心，周围逐步建造内城、外城等多道城垣，其中有一系列居民点、手工业作坊、祭祀区、墓葬区等都城基础设施。

宫殿区位于商城内东北部，约占城内面积的五分之一，曾发现不少夯土台基面积大以及柱础坑与柱础石排列有序的宫殿基址。遗址发现有铸铜、制陶、制骨三种手工业作坊，说明当时的手工业部门之间已有再分工；出土了大量的青铜器、陶器、原始瓷器、玉器、石器、骨器、象牙器、蚌器和刁刻字骨等遗物。这些都是我们祖先留下的珍贵遗产。

▲ 郑州商城宫殿区出土的二里岗下层玉戈与青铜戈

国之大事 在祀与戎

从20世纪70年代到90年代末，郑州商城西墙北段外侧（张寨南街）、西墙南段外侧（南顺城街）、东南城角外侧（向阳回族食品厂）先后发现了三座青铜器窖藏坑。窖藏坑出土了大方鼎、大圆鼎、扁足鼎、尊、罍、斝、鬲、爵、提梁卣、簋、戈、钺等青铜器。大方鼎成双成对，大圆鼎形制巨大，都是商王室所用的青铜重器。窖

郑州商城南顺城街出土的铜器

藏坑出土铜器个体大，造型精致，器类齐全，纹饰讲究，均属商王室重器已成定论。从窖藏坑位置特点相近，时代相同，器类相互补缺，各坑基本无重复器形分析，这三座窖藏坑的青铜器组合，很可能是商王朝在宗庙内进行祭祀活动时使用的法器，铜器的主人很可能是商王。此时玉器总体水平虽不是很高，但器物种类却粗具定制，尤以随葬和使用柄形玉器、玉璜、玉戈等为盛，是我国玉器发展史上一个承前启后的重要发展时期。

郑州商城继承了二里头都邑的核心政治与文化遗产，如城市规划、宫室制度、建筑技术、铜器铸造技术及相关理念等，也即文献中的“殷因于夏礼”，同时又在郑州商城王畿区域内进行大范围的文化整合与社会重组，迎来以郑州商城为中心的早期“商文明”时代。

早期商都偃师商城

偃师商城遗址是一处保存较好、内涵较为丰富、布局相对清晰的大型城市，是早期商文化的代表性遗址和中心遗址。偃师商城也有宫城、小城、大城三重城垣，面积约2平方千米，城内发现手工业生产区、储藏区、池渠系统等。

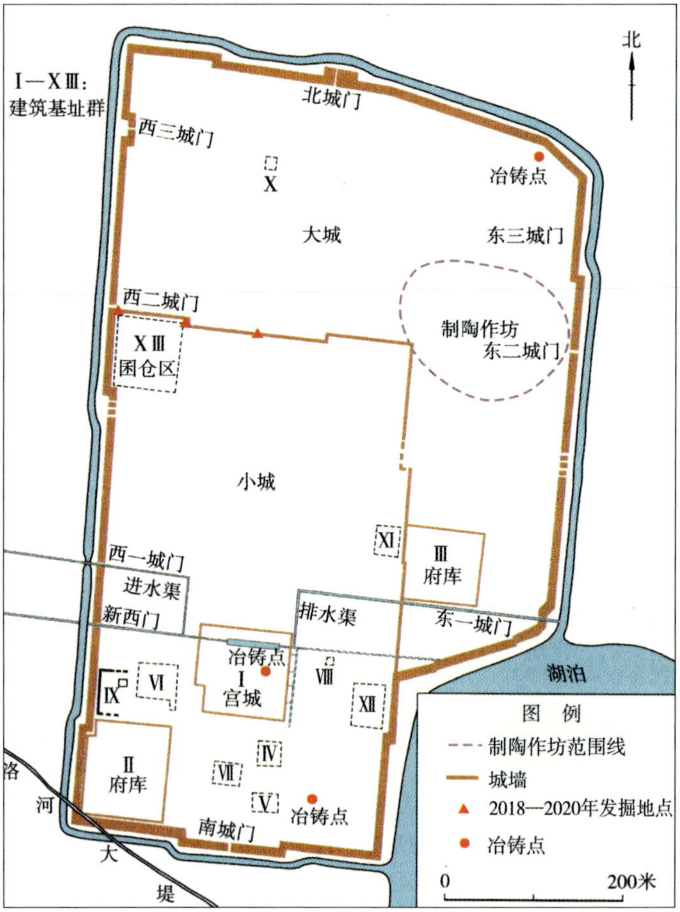

▲ 偃师商城平面图

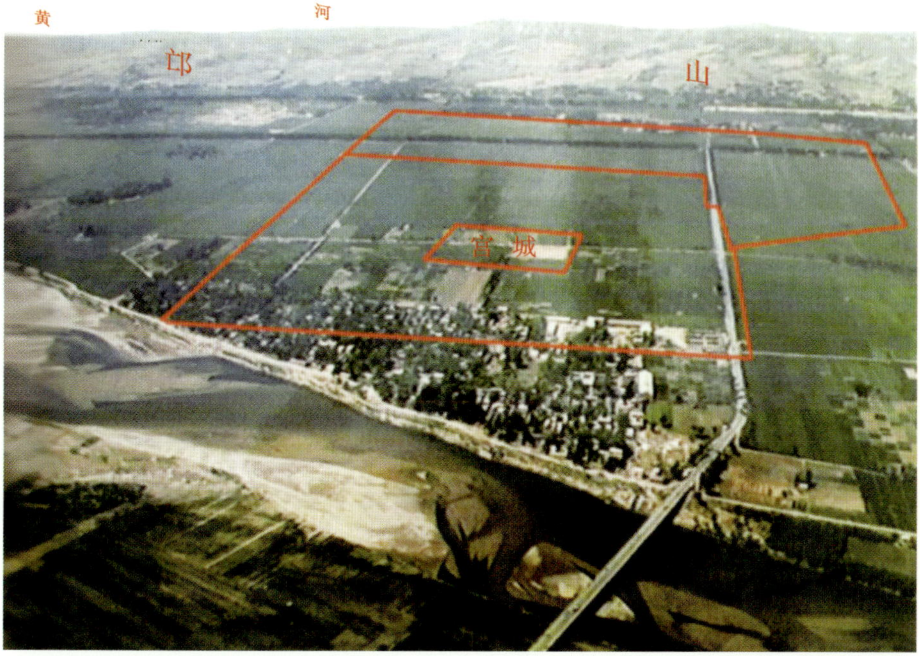

▲ 偃师商城遗址航拍图

▲ 偃师商城八号宫殿复原建筑

宫城位于小城之南北中轴线上，坐落在小城中央偏南的高地上,与后世遵守的“择中立宫”原则正相符合。其内发现多座大型的夯土建筑基址，分成东西并列的两组大型建筑群，一般认为西组为宫殿建筑，东组为宗庙建筑，形成“左庙右殿”的格局。可见，中国古代帝王都城所讲究的中轴线、对称和多重城垣相套等建筑规则，都可上溯到偃师商城。同时，该城址的出现与发展，与洛阳盆地内二里头文化被二里岗文化取代的过程、中原腹地区域社会坍塌和重构的历程暗合，可能是中国历史上首次王朝更替的直接体现。

晚期商都，安阳殷墟

1928年第一次正式发掘以来，殷墟发掘取得丰硕成果，不仅发现了殷墟宫殿区、王陵区及贵族墓地、手工业作坊遗址等重要遗迹，还出土了大量陶器、青铜器、玉器、甲骨等遗物。

根据近年来的考古发掘与勘探工作，最新确认殷墟遗址南北直线距离约5.5千米，东西直线距离约6.5千米，总面积约36平方千米。以小屯、花园庄为中心的宫殿宗庙区在洹河南岸，宫殿宗庙区共发现上百座夯土建筑基址，还有池苑、排水渠等遗迹，证明当时的王族聚居地依托洹河和人工河道为屏障，其礼仪建筑已大致具备了前朝后寝、左祖（宗）右社的雏形，王宫池苑也具有一定规模和配套建筑。安阳殷墟沿袭夏王朝及商王朝早期都城规划的理念并进一步优化，体现了中国古代宫殿建筑“前朝后寝、左祖右社”的格局。

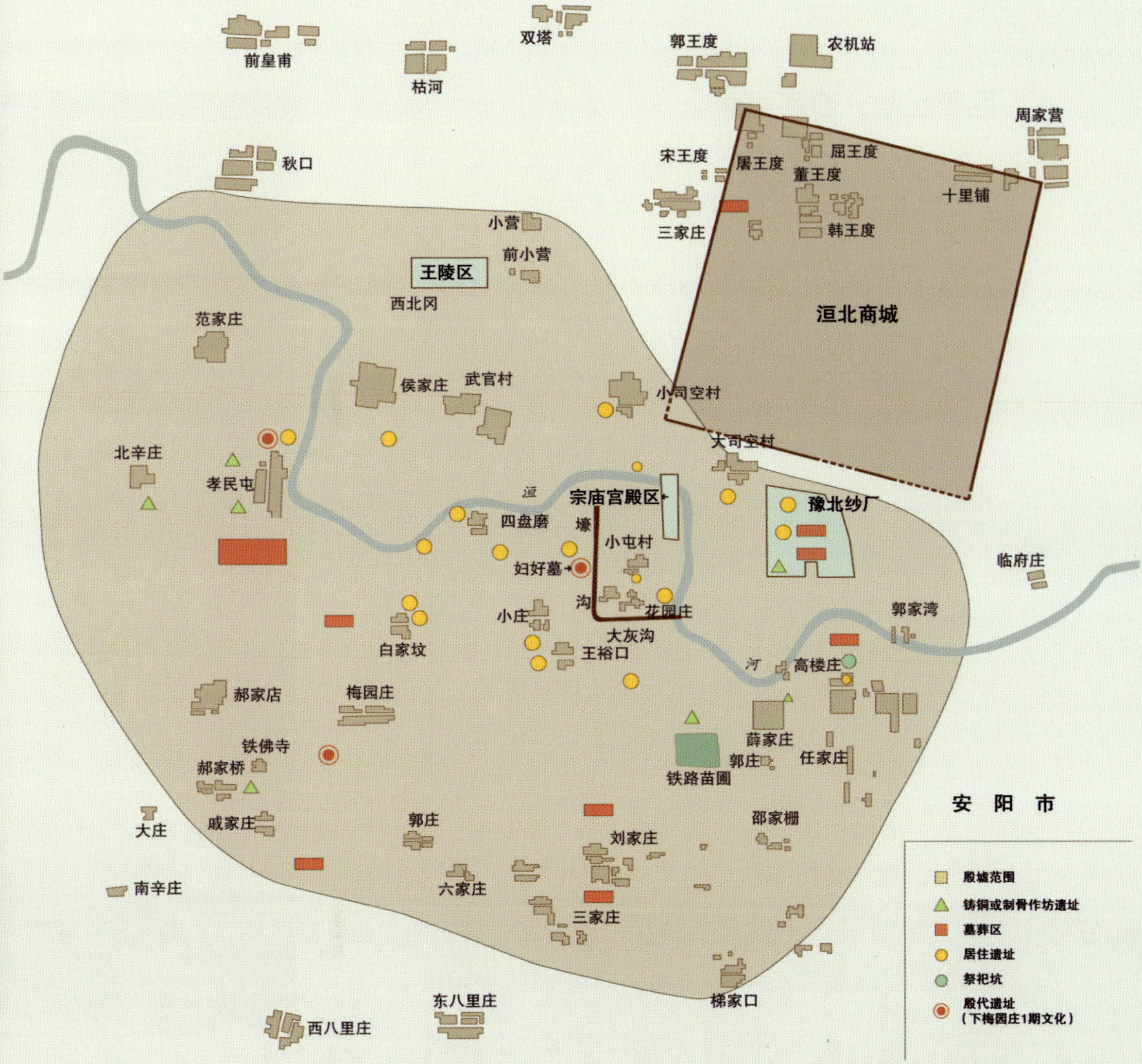
前皇甫
枯河
双塔
郭王度
农机站
周家营
秋口
宋王度
屠王度
屈王度
董王度
十里铺
三家庄
韩王度
小营
前小营
王陵区
西北冈
洹北商城
范家庄
侯家庄
武官村
小司空村
大司空村
北辛庄
孝民屯
洹
宗庙宫殿区
豫北纱厂
四盘磨
壕
小屯村
妇好墓
沟
花园庄
临府庄
小庄
大灰沟
郭家湾
白家坟
王裕口
河
高楼庄
郝家店
梅园庄
铁佛寺
薛家庄
郝家桥
郭庄
任家庄
铁路苗圃
安阳市
大庄
戚家庄
郭庄
邵家棚
刘家庄
南辛庄
六家庄
三家庄
东八里庄
梯家口
西八里庄
殷墟范围
铸铜或制骨作坊遗址
墓葬区
居住遗址
祭祀坑
殷代遗址
（下梅园庄1期文化）

殷墟遗址平面图

茅茨土阶，四阿重屋

洹北商城是继郑州商城、偃师商城、小双桥遗址之后的又一处商代都邑。洹北商城位于洹河北岸，其西南是举世闻名的殷墟遗址。城址略呈方形，总面积约4.7平方千米。宫殿宗庙区位于城址南北中轴线南段，依然保持城市中轴线布局。

宫殿区内现已发现数十处夯土基址。其中规模最大的一号基址总面积达1.6万平方米，是我国迄今发现的面积最大的商代单体建筑基址。从平面结构看,一号基址是庭院式建筑。这样的建筑基址在洹北商城中不止一处。据钻探，至少二号基址也采用了庭院式结构。最近殷墟发掘证实，不仅商代宫殿建筑采用这一建筑形式,普通邑聚也发现庭院式建筑。这种庭院式与后世的“四合院”并无本质区别。可见这种最流行的建筑形式，在中国至少可以追溯到商王朝。大多数学者认为洹北商城是盘庚所迁之殷。

▲ 洹北商城 1 号宫殿基址平面图

商邑翼翼，四方之极

洹河北岸侯家庄、武官村一带为王陵区。王陵区共发掘出带墓道的大墓13座，祭祀坑近1500座。殷墟王陵区是目前我国考古发现的年代最早的王陵区。大墓旁常见陪葬墓。祭祀坑以人祭为主，也有少量兽祭坑和器祭坑。王陵区的独立存在，以及王陵的四墓道（陵园出现以后又影响其辟“四门”）及王陵之旁的陪葬墓、祭祀坑、大型墓圹、棺椁制度、殉人、规格高的随葬品等都表明，晚商阶段已经形成严格的丧葬制度，这些构成中国古代帝王陵墓的“主体文化”及其丧葬制度，对此后3000多年的中国古代帝王陵墓的规制产生了深远影响。

《史记·项羽本纪》曰：项羽与章邯相约“洹水南，殷虚上”。《集解》云：“应劭曰：殷墟，故殷都也。”

“洹水出山东经殷墟北。” ——《水经》卷九《洹水条》

“肆予敢求尔于大天邑商。” ——《尚书·多士》

“商邑翼翼，四方之极。” ——《诗经·商颂·殷武》

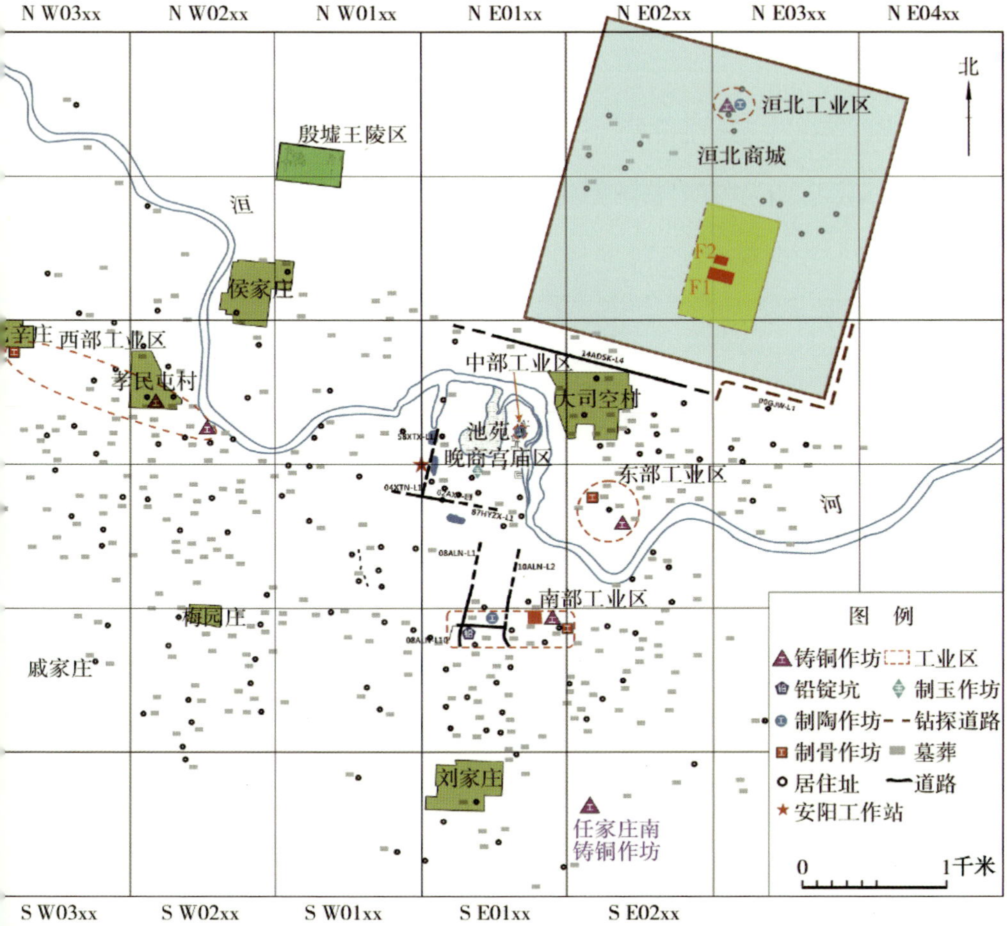

殷墟与洹北商城手工业作坊布局图

甲骨惊天下，青铜承文明

安阳殷都作为商王朝晚期的都城，在此地考古发现的数十万计的甲骨卜辞，不仅实证了商王朝的历史是信史，更将中国的文字史向前提了上千年。中国现代汉字正是经甲骨文、金文、篆书、隶书、行书、楷书演化而来，前后一脉相承，真实地记录了中华文明发展的光辉历程。殷墟甲骨文既佐证了《史记》对商王世系的记载，又旁证了《史记》有关中国早期王朝历史的记载是可信的。作为中国最早可释读的系统文字，甲骨文可以说是奠定了汉字的基础，也可以说是华夏与中华民族的核心文化基因。

殷墟出土的“甲辰贞”刻辞卜骨

▲ 妇好鸮尊

▲ 司母辛觥

▲ 宁方彝

殷墟遗址分布着青铜冶铸、制骨、制玉、制陶等手工业作坊，形成了比较完备的青铜器、玉石器、漆木器、陶瓷器、骨角牙器等不同门类的手工业，既体现了当时严格的礼仪制度，也反映了当时较高的生产力水平。尤其是殷墟遗址出土的大量青铜器，包括礼器、兵器、乐器、生活用具等，单单是妇好墓一座墓葬出土的青铜器重量即达1.6吨，整个商代用铜量可想而知。这一时期将夏及早商的青铜冶铸技术进一步发展创新，形成以青铜礼器与兵器为主的青铜文明，将中国的青铜时代推向顶峰，在中国的历史长河中意义重大、影响深远。

▲ 亚址方觚

▲ 亚址方尊

▲ 妇好三联甗

成周洛邑与东周王城

西周灭商后，周王朝由关中地区的“西土”向东扩张，不仅占领了商王朝所有领土，还占领了其他政治集团的领地，最北可抵燕山南麓，最东几近东海之滨，最南达汉水之阳。在这广阔的领域中，中原之地乃重中之重。周公平定三监之乱后，为加强对东方的控制，周王朝先后分封卫、鲁、晋等诸侯国，西周时期重要的诸侯国均集中于中原地区，这与文献记载西周时期城市集中分布在黄河中下游地区是一致的。

赫赫成周，宅兹中国

“天下之中”的礼仪规制思想虽然有着久远的历史，可以追溯到新石器时代晚期与末期的濮阳西水坡遗址与襄汾陶寺遗址，但是作为“信史”，近年的考古发现与研究可以确认其在夏商时期已经存在，而在西周初年已全面形成。成王之时，周公平乱后认为洛阳居“天下之中”，于是“乃作大邑成周于土中”，即营建洛邑成周，洛阳成为西周王朝的东都所在地。周初何尊铭文载：“唯王初迁宅于成周……唯武王既克大邑商，则庭告于天，曰:‘余其宅兹中或，自之乂民。’”把洛阳作为天下的“中域”或“中国”。自此，洛阳及其所在地区被正式确定为“天下之中”，也就确立了自“五帝时代”以来的

"中原历史文化"的"国家主导文化"与华夏的"根文化"地位，这在此后3000多年的中国历史发展上具有极为重要的政治意义与文化意义。

《逸周书》记载："（成周）城方千七百二十丈，郛方七十里。南系于洛水，北因于郏山，以为天下之大凑。"表明成周范围非常广大。考古工作表明，成周城遗址在今洛阳瀍河两岸，面积可达6平方千米，但没有发现城垣，这可能与西周初年国力强盛、诸侯咸服有关。城址内分布有大型手工业作坊、贵族墓地、平民墓地、居址、祭祀遗存等遗迹。尤其是洛阳北窑铸铜作坊，是国内首次发现的一处西周前期的青铜铸造遗址，面积大、文化堆积厚、出土遗物丰富，彰显了西周时期青铜文明之灿烂、铸造工艺之先进。经研究，成周城兴盛于西周早、中期,至晚期已经衰落。1984年，中国社会科学院考古研究所又在汉魏洛阳城内发现了一座始建于西周时期的城址，在春秋晚期还曾经修补和增筑。

▲ 何尊

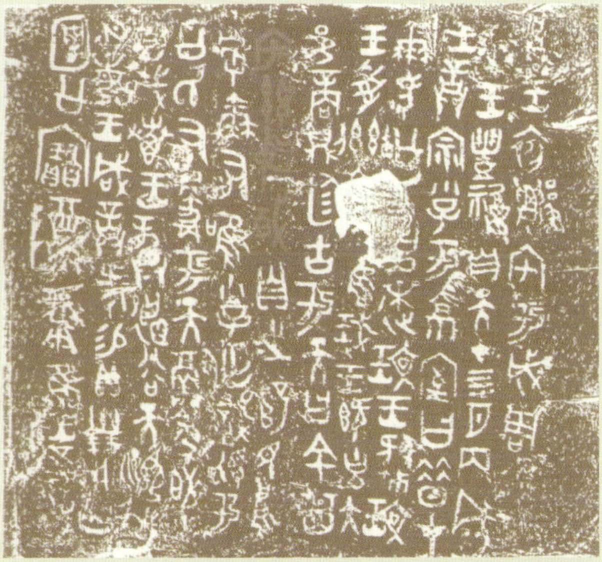

▲ 何尊铭文

营国之制，择中之建

东周时期，周天子从西土迁到洛阳王城，王城的布局是内城外郭、宫殿区中轴对称，继续承载着中华文明主根主脉的重任。《周礼・考工记》载："匠人营国，方九里，旁三门。国中九经九纬，经涂九轨。左祖右社，面朝后市。"这不仅反映了成周王城布局和都城设计思想，更是中国早期都城营造理念的写照，并影响此后历代王朝的城市营建。洛阳瞿家屯东周大型夯土建筑基址位于涧河(亦即谷水)东岸、洛河之北的台地上，主要的遗迹现象均出于一个特大型院落内，发现有大型成组的夯土建筑基址、墙基、散水、给排水设施、池苑等遗迹，出土了大量建筑材料及少量的器物残片。据研究分析，该建筑可能是战国时期周赧王所居住的宫室建筑基址。

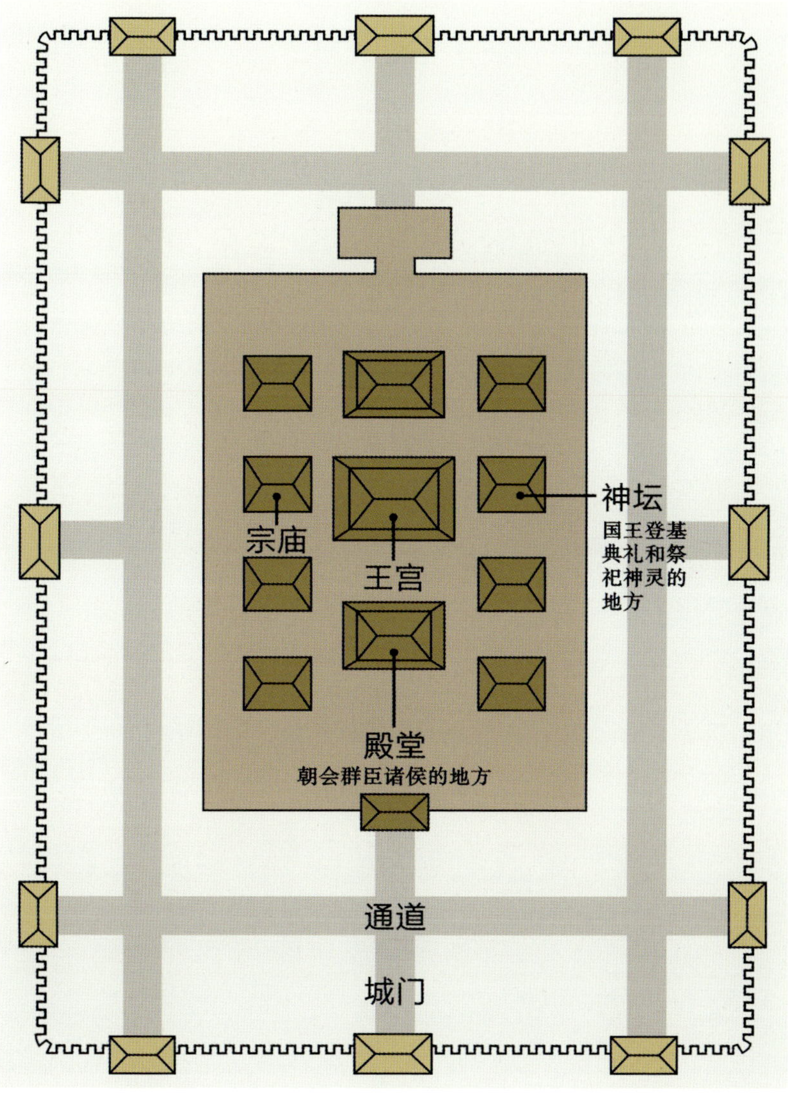

东周王城复原图

洛阳瞿家屯夯土建筑基址

天子驾六，王威烈烈

2002年，洛阳东周王城广场修建时发掘了200多座东周墓和十几座车马坑，其中“天子驾六”车马坑证实了中国古代就有的一种车舆制度。《宋书》引《逸礼·王度记》曰：“天子驾六，诸侯驾五，卿驾四，大夫三，士二，庶民一。”整个车马坑的摆放壮观、华丽，表现的景象似为周天子出巡、狩猎时的随行队伍。从两马驾一车直至六马驾一车，完整而直观地展现了周朝的车舆制度及出行时君臣、车马应遵循的礼制。

一座东周城，半部东周史。以东周王城为主要载体的城市考古研究，旨在揭示东周时期以王城为核心的建城史、东周史、外交史、经济社会发展史和东周时期的礼仪文化史。研究以洛阳东周王城为代表的古代城市及城市文化，就是研究其深邃的文化内涵，研究根植于中国传统文化中的礼仪和历史文脉。

洛阳东周王城广场“天子驾六”车马坑

封邦建国，以藩屏周

“封建”一词，最早见于春秋时富辰之说：“周公吊二叔之不咸，故封建亲戚，以蕃屏周。”根据《史记》记载，黄帝时代，“诸侯咸来宾从”，“诸侯咸尊轩辕为天子”，黄帝“置左右大监，监于万国”，这是早期的封建制度。柳翼谋谓：“自唐、虞至周皆封建时代，帝王与诸侯分而治之。”即从尧、舜经夏、商到周朝，采用的都是封建制度。五帝三代时期不断发展，到周朝时封建制度的完善程度达到顶峰。西周施行分封制，建立藩屏，拱卫周畿，所谓“普天之下，莫非王土”。这一政治策略的实施，在东亚大陆形成了覆盖广大地域的青铜文化交流网。这一文化交流网络的扩展，构成以周王朝为代表的中国青铜文明的进一步拓展，乃至秦汉版图形成的前提。

金须胡庄墓葬区
护城河遗址
北城墙遗址
护城河遗址
北城墙遗址
西城1号城门
冷藏室遗址
梳妆台遗址
宫城遗址
郑韩路南缫丝作坊遗址
西战国台基
北城门
隔城墙1号城门
隔城墙遗址
韩官营制陶遗址
护城河遗址
东城墙遗址
韩宗庙遗址
隔城墙2号城门
新建路西韩国宫殿建筑遗址
中华北路西东周建筑遗址
西亚斯国际学院韩王陵
合福路车马坑
周庄墓葬区
授印台遗址
人民西路北制骨遗址
南菜洼建筑遗址
李家楼郑公大墓
东城1号城门
李马墓葬区
国税局大墓
大吴楼手工作坊遗址
新华路南郑国社稷遗址
望母台遗址
仓城车马坑
车站墓葬区
烈礓坡墓葬区
新园胡同车马坑
电厂车马坑
后端湾综合遗址
战国城墙遗址
蔡庄墓葬区
溱水路车马坑
战国城墙遗址
冯庄综合遗址
南城墙遗址
东城墙遗址
古河道
河李墓葬区
付庄墓葬区
古河道
宋庄韩王陵
富豪大酒店
刘楼村
赵记大饭店

▲ 新郑郑韩故城平面图

春秋时期，中原地区既是东周王室的王畿所在，也有卫、郑等姬姓诸侯国。春秋战国时代的思想家老子、孔子、孟子等大多奔赴“中原”以期施展其政治抱负，如“孔子见老子”在中原，孔子为实现其政治抱负奔走于卫国十几年，孟子于大梁传经授业。

战国时期中原地区列国都城一般为两城制。东周列国都城中宫殿区均位于都城中地势较高的区域，如赵都邯郸城的“龙台”遗址、郑韩故城的“梳妆台”遗址等。此外，韩都新郑小城内中北部发现有近方形的小城，为面积约40万平方米的宫殿区，分布大小夯土建筑基址50余处；小城南部宗庙区也发现有长方形城址，城址的中心发现战国大型夯土建筑基址一处，在房基中央部位即城的正中心又发现一巨型石圭，一般认为这是用于宗庙

▼ 郑韩故城航拍图

“丽牲”。韩都新郑西城即内城发现的宫城及宗庙区城址，是列国都城中仅见的，应该对秦汉都城的宫城与宗庙区相分离产生了直接影响。中原地区列国都城之中的宫城处于“居高”“居前”的位置，宗庙地位相对下降，反映了东周时期地缘政治的加强、血缘政治的减弱。

郑国原为畿内郑邑，公元前774年，郑桓公迁郑国于河南，建都于郑（今新郑市）。郑国以经济发达、法制健全、民主政治和诗乐文化闻名于世，是中国法制和法家思想的重要起源地之一。郑庄公在位时，以其雄才大略，使郑国在春秋时期第一个强势起来并称霸诸侯，从而有“天下诸侯，莫非郑党”之说。

新郑郑国祭祀遗址发现了为数众多的青铜礼器、青铜乐器，尤其是出土了一套春秋时期的九鼎八簋。九件铜鼎纹饰相同，大小依次递减，最大的一件通高是54.5厘米，最小的一件也有47.5厘米，而八件铜簋形制相同、纹饰相近。商周时期青铜器根据用途不同可分为很多种类，王公贵族在进行祭祀、典礼、丧葬、征伐、宴饮等礼仪时所用的青铜器就是青铜礼器。而礼器中最重要的就是鼎。西周“制礼作乐”，“礼乐制度”逐渐成为中国人的思想准则和行为规范，中华民族自誉为“礼乐之邦”也由此而来。由于周人吸取商人酗酒亡国的教训，这一时期酒器减少，礼器增多，而且往往成套成组地出现，一些用于祭祀和宴飨的器物被赋予了特殊的含义，成为体现礼制的用具，这就是“藏礼于器”。据《周礼》记载，天子在祭祀、宴飨、随葬时享用九鼎八簋，诸侯使用七鼎六簋，大夫使用五鼎四簋，依次类推，不能越级使用。新郑郑国祭祀遗址中出土九鼎八簋，即是春秋时期礼崩乐坏、王室衰微、列国蜂起的体现。

新郑郑国祭祀遗址的“九鼎八簋”

除此之外，1923年河南新郑李家楼郑公大墓出土了一批重要的青铜器，其中最出名就是莲鹤方壶。莲鹤方壶是中国首批禁止出国（境）展览文物，一件收藏于故宫博物院，一件收藏于河南博物院。两件方壶重量相同，均为64.28千克，口为方形，壶身为扁方体，壶的腹部装饰蟠龙纹，龙角竖立。壶体四面还各装饰有一只神兽，兽角弯曲，肩生双翼，长尾上卷。圈足下有两条卷尾兽，身作鳞纹，头转向外侧，有枝形角。壶盖被铸造成莲花瓣的形状，莲瓣中央有一个可以活动的小盖，上面有一只仙鹤站在花瓣中央。莲鹤方壶遍饰于器身上下的各种附加装饰，不仅造成异常瑰丽的装饰效果，而且反映了春秋时期青铜器艺术审美观念的重要变化。

◀ 郑公大墓莲鹤方壶（左）

◀ 郑公大墓铜镈（右）

荥阳官庄城址也是郑国重要城址之一，其外壕的围合面积超过130万平方米，是目前中原地区最大的西周城址。该遗址中发现了目前已知的世界上年代最早的铸币作坊。这彰显了春秋时代郑国雄厚的国力。

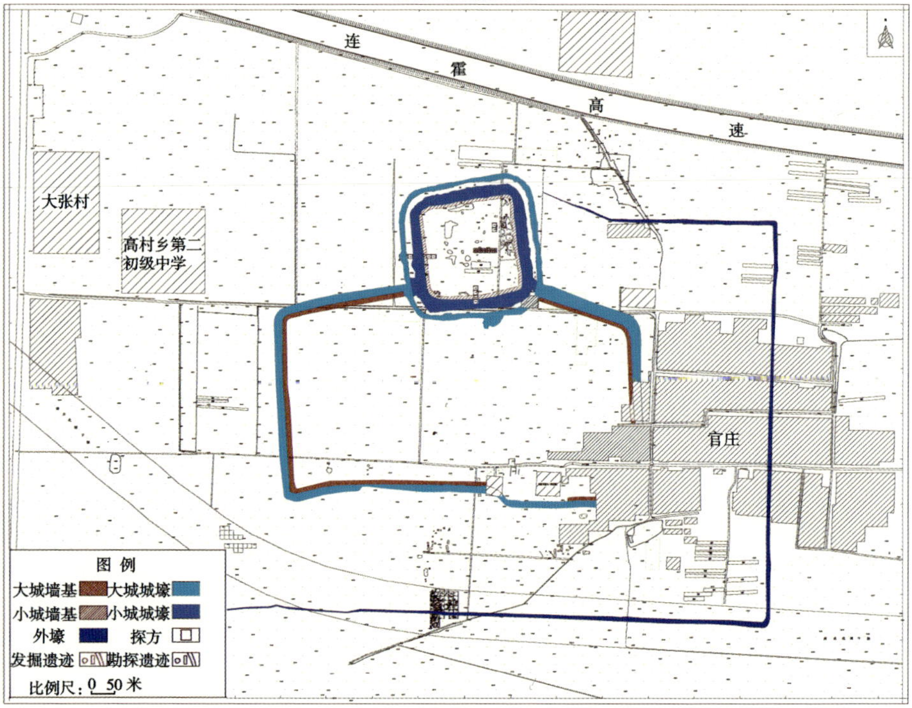

荥阳官庄城址文化遗迹分布图

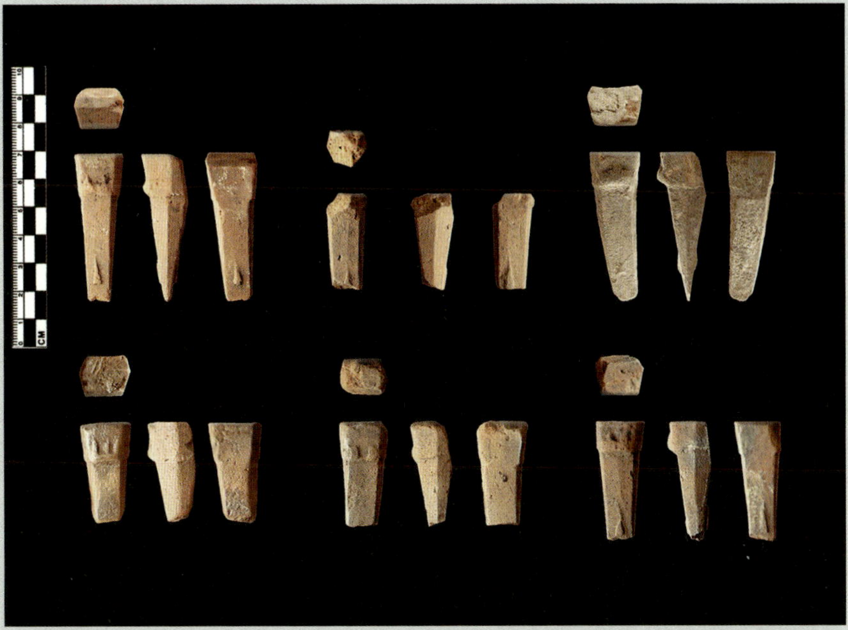

荥阳官庄城址出土的空首布泥芯

官庄城址出土的空首布

虢国是西周时期一个重要的诸侯封国。西周初年，文王的两个弟弟分别被封为虢国国君。公元前655年，晋国假虞灭虢，留下了“辅车相依，唇亡齿寒”的千年历史教训。《左传·僖公五年》载：“虢仲、虢叔，王季之穆也，为文王卿士，勋在王室。”

▲ 三门峡虢国墓地出土的虢季列鼎

▲ 三门峡虢国墓地出土的虢季列簋

▲ 三门峡虢国墓地出土的虢季方壶

辛村遗址出土的“康侯铜簋”

卫国也是西周时期一个重要的诸侯封国。《史记·鲁周公世家》载：“周公乃奉成王命，兴师东伐……收殷余民，以封康叔于卫。”卫国于西周初年始封，至秦二世时才最终灭国绝祀，存续900余年。

《诗经·商颂·殷武》有云：“挞彼殷武，奋伐荆楚。”可见荆楚民族在商代已相当强大。后来周成王封荆楚一支的首领熊绎于荆山丹阳，为楚子，楚国成为西周王朝一个等级甚低的诸侯国。

▲ 辛村遗址出土的铜尊

▲ 王子午升鼎(淅川下寺2号墓出土)

▲ 龙耳虎足方壶(淅川下寺1号墓出土)

熊绎被封，标志着楚国的开始。起初，楚国“土不过同”，活动范围偏僻窄小，并不能控制整个荆楚民族及其分布地区（或称楚地）。直到春秋时期，楚国不断进行大规模的兼并战争，逐步控制了荆楚地区，并成为“春秋五霸”之一。进入战国以后，楚国继续向外扩张，成为“战国七雄”中拥有疆土最为广阔的大国。它不仅拥有整个荆楚地区，而且占领了中原、吴越、东夷、南越和巴、黔的许多地区。

河南西南的淅川县丹江口水库西岸的下寺村，先后发现并发掘了一批春秋时期的楚国贵族墓葬，文物主要出土于9座大中型墓葬，以青铜器为大宗，数量超过400件，包括礼器、乐器、工具、兵器和车马器等。其中，作为主墓的2号墓和陪葬的1号、3号墓出土铜器多而精，且有重要铭文。其中升鼎7件形制怪异，大鼎1件铸工巧妙，铜禁1件和铜器附件

▲ 铜禁（淅川下寺2号墓出土）

若干是以熔铸法铸造的。该铜禁器身呈长方形，周围由数层粗细不同的铜梗组成，内层粗而直以作为骨干，中层铜梗稍细，自下而上向两侧伸出后上弯，外层铜梗最细，呈相互独立的卷草状。禁身四周攀附有12个铜怪兽，前后各四，左右各二。禁下有虎形足12个，两长边各三，四角及两短边各一。整个器形庄重而瑰丽，实为一罕见的珍品。它为中国春秋时期铜器铸造方法的研究提供了宝贵材料。

该墓还出土有编钟4套共52件和编磬3套共39件等。其中1套有铭记载为“王孙诰”编钟，26枚，形制相同，大小相次。钟体呈合瓦形，柱状枚，舞部、篆间饰蟠虺纹，隧部则以变形蟠螭纹为饰。26枚钟体共铸17篇相同铭文，每篇约110字，铭文大意是：王孙诰为款待诸侯宾客而铸此编钟，以祈康乐。这套编钟宏伟壮观、气势非凡，经过测音，它不仅音色美妙，音阶准确，而且中音区七声俱全，多数有半音，具有很高的音乐水准。

▲“王孙诰”编钟
（淅川下寺2号墓出土）

王朝一统 天下华章

秦始皇统一中国，建立了中国历史上第一个多民族的封建专制主义中央集权国家，这为以汉族为主体的中华民族的形成奠定了基础。以汉族为主体的中华民族的形成与初步发展发生在西汉中期至东汉的黄河中下游地区，即包括河南在内的广义上的中原地区。此后这一地区至北宋时代一直是以汉族为主体的中华民族活动的中心地区，这一地区不同时期的考古学文化主导着中国古代历史上不同时期的考古学文化的发展。

汉魏洛阳城

西汉时期，虽然定都长安，但洛阳仍为真正意义上的天下之中，正所谓“‘绝成皋之口，天下不通’。据三川之险，招山东之兵……”（《史记》）。重要的交通地位促使了该地区商业的繁荣。西汉晚期，洛阳与邯郸、宛、临淄、成都并称为五大都市，且在地理位置上处于中心地位，“（洛阳）河山拱戴，形胜甲天下”便是这种状况的写照，这也是东汉刘秀定都洛阳的重要原因。此后的曹魏、西晋及北魏均定都于此，频繁的改朝换代和战火毁坏仍丝毫不减其重要性，显示出大一统王朝建立之后各王朝对洛阳的重视。正如北宋名臣司马光所言，“若问古今兴废事，请君只看洛阳城”（《过洛阳城》）。根据目前的考古发现，东汉洛阳城保留了南郊礼制建筑，包括灵台、辟雍、太学等。其中灵台是天象观测场所，天子登灵台、观云物，“所以观天人之际、阴阳之会”。张衡便是在此发明了领先世界的浑天仪和地动仪。

东汉灵台遗址

北魏洛阳城的布局充分借鉴了东汉至魏晋洛阳城的特征和建设理念，形成宫城、内城、郭城三重城垣的平面布局，实质上为此后历代都城所模仿。北起宫城、南抵圜丘的中轴线纵贯全城，并以此为轴心，明确体现了帝王居建于中极、左祖右社等传统设计思想。

北魏洛阳城平面图

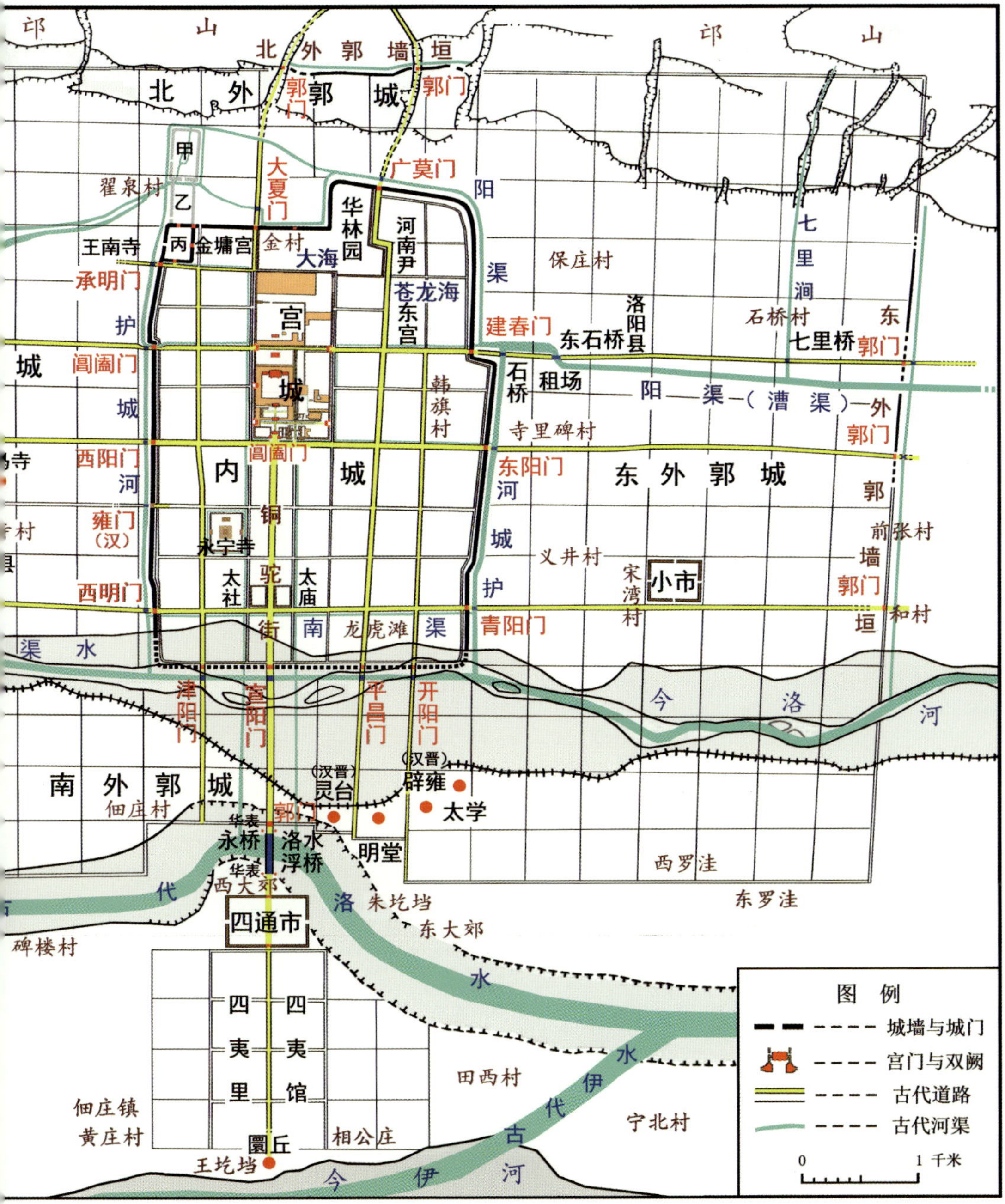
北外郭墙垣
北外郭城
东外郭城
南外郭城
内城
宫城
大夏门
广莫门
承明门
阊阖门
西阳门
雍门（汉）
西明门
建春门
东阳门
青阳门
津阳门
宣阳门
平昌门
开阳门
金墉宫
华林园
大海
苍龙海
河南尹
东宫
永宁寺
太社
太庙
铜驼街
洛阳县
东石桥
七里桥
小市
四通市
明堂
太学
（汉晋）灵台
（汉晋）辟雍
永桥
洛水浮桥
四夷里
四夷馆
圜丘
阳渠（漕渠）
今洛河
古代洛水
古代伊水
今伊河
图例
城墙与城门
宫门与双阙
古代道路
古代河渠
0 1千米

东汉太学，源远流长

东汉太学创建于光武帝建武五年（29年），位于洛阳城开阳门外大道东。洛阳太学营建校舍“二百四十房，千八百五十室”，有太学生三万余人，规模之大在古代中国乃至世界教育史上均属罕见。据文献记载，汉灵帝熹平四年（175年），诏诸儒正订六经文字，刻石立于太学门前（一说立于太学讲堂前），这就是后世所说的汉石经，又称熹平石经。熹平石经的内容包括《周易》《尚书》《鲁诗》《仪礼》《春秋》《公羊传》和《论语》，以汉隶撰写而成，书丹者除蔡邕之外，还有堂溪典等人。《后汉书·蔡邕传》云：“及碑始立，其观视及摹写者，车乘日千余辆，填塞街陌。”成为后世儒家思想传播的标杆。

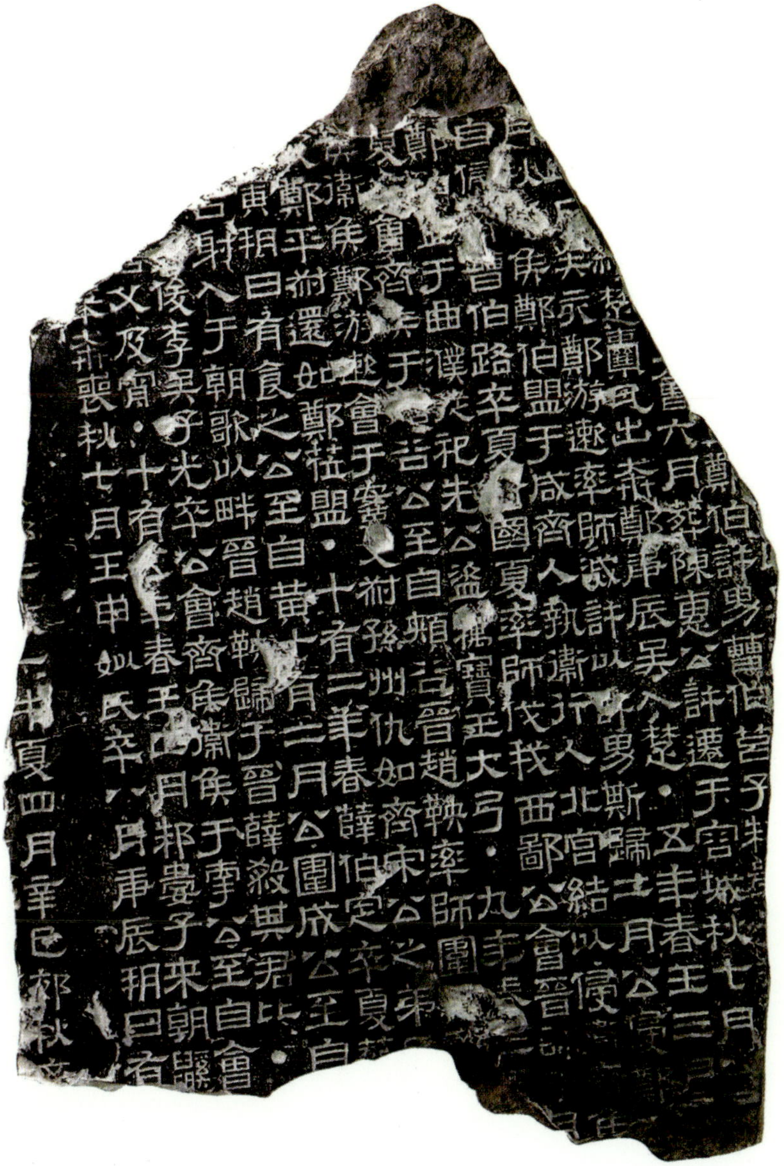

东汉洛阳城外发现的熹平石经

光宅中原，民族交融

汉魏洛阳城是民族交融的重要见证。北魏都城原在平城（今山西大同），孝文帝认为："国家兴自北土，徙居平城，虽富有四海，文轨未一，此间用武之地，非可文治，移风易俗，信为甚难。崤函帝宅，河洛王里，因兹大举，光宅中原。"因此迁都洛阳，改汉姓、易汉俗、行汉礼等一系列措施，使得北方少数民族迅速融入中华民族的大家庭之中。《魏书》载："漠北淳朴之人，南入汉地，变风易俗，化洽四海。"《洛阳伽蓝记》记载了北魏洛阳礼制典章的表率作用。即"昨至洛阳，始知衣冠士族并在中原，礼仪富盛，人物殷阜"。阊阖门是宫城的正门，位于全城中轴线的位置，一门三道，规模宏大。

北魏洛阳城宫城遗址

同时，陵墓也是国家文化的象征。北魏孝文帝提倡“死葬洛阳，不得还北”，并根据东汉帝陵的建制修建自己的陵墓“长陵”。

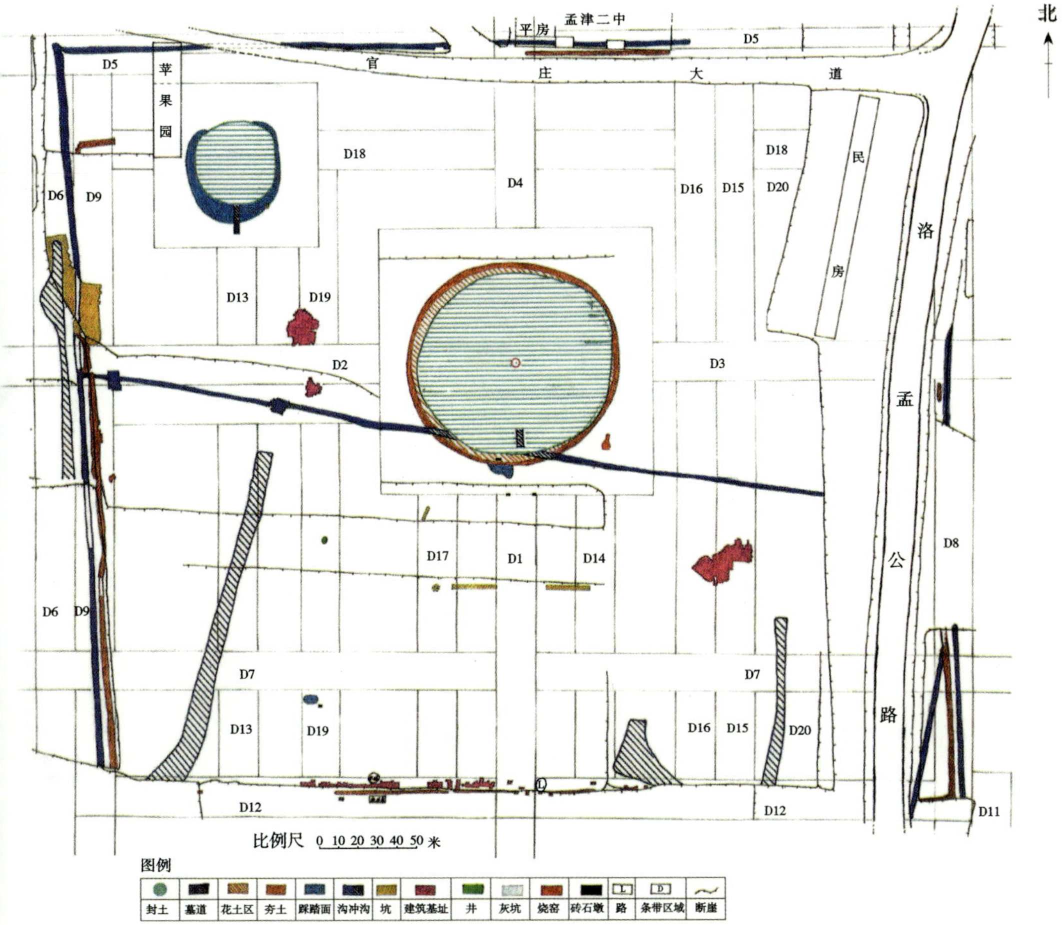

▲ 北魏孝文帝长陵陵园平面图

有容乃大，国际都会

北魏时期，都城洛阳的商业更为发达，真正成为国际大都市。在北魏洛阳城外郭城的洛河南岸有“四通市”（《洛阳伽蓝记》卷三）。该市场是因其附近的“四夷馆”“四夷里”而设置的，“四夷”，顾名思义是“域外”之意，因此可以说“四夷市”是中国古代都城中最早设置的专门用于国际贸易的市场，由此也可以反映北魏洛阳城作为国际大都会的特点。

《洛阳伽蓝记》载：“自葱岭已西，至于大秦……乐中国之土风，因而宅者，不可胜数，是以附化之民，万有余家。……天下难得之货，咸悉在焉。”经过考古发掘的铜驼街见证了这一盛况。铜驼街宽40～42米，阊阖门南侧150米处发现的石板路面上可见碾压较深的南北向车辙印痕。

▲ 北魏洛阳城三重宫门

浩瀚神都，隋唐洛阳

隋唐洛阳城为隋唐时期的东都，武则天执政期间，将其命名为“神都”，地位甚至超过西京长安。隋唐洛阳城主要由宫城、皇城、东城、含嘉仓城、郭城和西苑组成。洛河从郭城中部横贯，将其为洛北和洛南两部分。城内街道纵横，将郭城格化为众多的里坊，形成棋盘式布局。隋唐洛阳城设置有“三市”，分别为南市、西市、北市，南市和西市位于洛河以南。根据多处文献记载，洛阳城的商业十分繁荣。隋唐大运河的开通，使洛阳成为全国的交通中心，为中国中古时代及其以后历史的发展发挥了极为重要的作用。

▲ 天堂遗址复原图

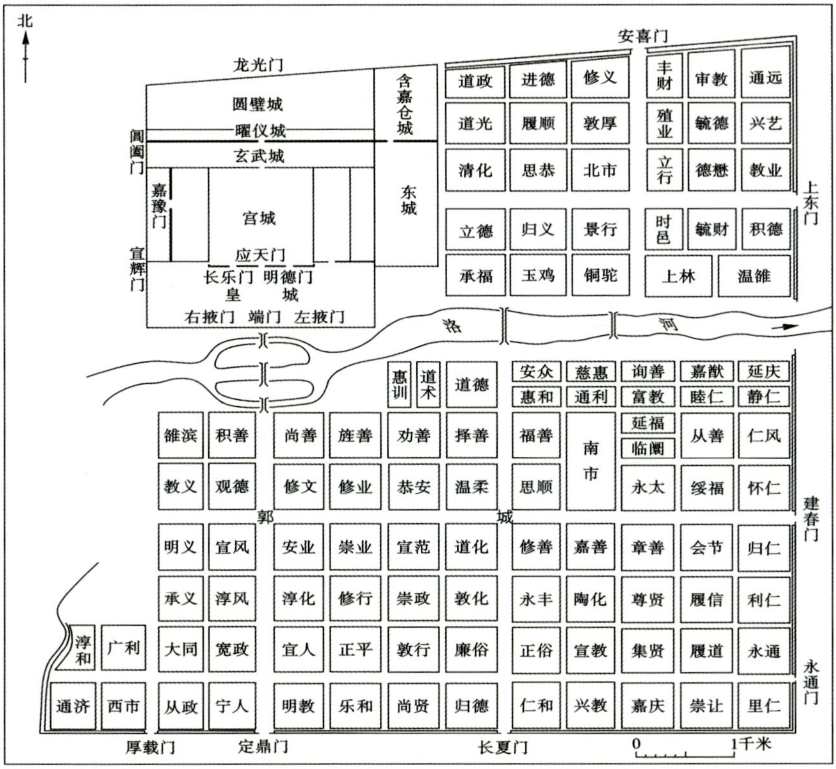

北
安喜门
龙光门
含嘉仓城
圆璧城
曜仪城
阊阖门
玄武城
嘉豫门
宫城
东城
宣辉门
应天门
长乐门
明德门
皇城
右掖门
端门
左掖门
道政
进德
修义
丰财
审教
通远
道光
履顺
敦厚
殖业
毓德
兴艺
清化
思恭
北市
立行
德懋
教业
上东门
立德
归义
景行
时邑
毓财
积德
承福
玉鸡
铜驼
上林
温雒
洛
河
惠训
道术
道德
安众
慈惠
询善
嘉猷
延庆
惠和
通利
富教
睦仁
静仁
雒滨
积善
尚善
旌善
劝善
择善
福善
南市
延福
临阛
从善
仁风
教义
观德
修文
修业
恭安
温柔
思顺
永太
绥福
怀仁
郭
城
建春门
明义
宣风
安业
崇业
宣范
道化
修善
嘉善
章善
会节
归仁
承义
淳风
淳化
修行
崇政
敦化
永丰
陶化
尊贤
履信
利仁
淳和
广利
大同
宽政
宜人
正平
敦行
廉俗
正俗
宣教
集贤
履道
永通
永通门
通济
西市
从政
宁人
明教
乐和
尚贤
归德
仁和
兴教
嘉庆
崇让
里仁
厚载门
定鼎门
长夏门
0
1千米

▲ 隋唐洛阳城布局示意图

运河枢纽，兼济万民

605—610年，隋炀帝发百万人力，开凿了以洛阳为中心的大运河，使以东都洛阳为中心的天下枢纽得以形成。大运河北至涿郡（今北京）、南到余杭（今浙江杭州），沟通海河、黄河、淮河、长江和钱塘江五大河流，连接沿岸城市，主航道2700余千米。大运河的开通，使贯通中国南北和中东部的水运大动脉得以形成，对加强南北经济文化交流起到了至关重要的作用，同时巩固了洛阳的核心地位，并一直影响至明清时期，乃至当今的南水北调东线工程也是借助了隋唐运河的故道。商丘南关码头、郑州通济渠等遗址反映出了隋唐运河的往日辉煌。

▲ 通济渠商丘段遗址

“粮仓系国脉，民心定乾坤”

隋唐运河的关键作用在于漕运。运河重要节点上设立有多处大型粮仓，这是维持国家稳定、赈济百姓的重要设施。“粮仓系国脉，民心定乾坤。”自隋代开始沿大运河广设仓窖储粮，形成了以隋“大兴城”和“洛阳城”为核心的两大粮食储备中心。如在大兴城皇宫内设置国家级粮仓太仓；洛阳城营建有子罗仓、含嘉仓，并于周边设置回洛仓、兴洛仓、河阳仓等转运仓。多类型、多层次仓廪体系的建立有效保障了城市粮食供应。粮食运输过程中“节级输送”与“沿河置仓”方式的运用，有效缓解了运粮途中的延误与耗损。经过考古发掘，洛阳城的北部揭示出含嘉仓和回洛仓的部分面貌。

含嘉仓铭文砖

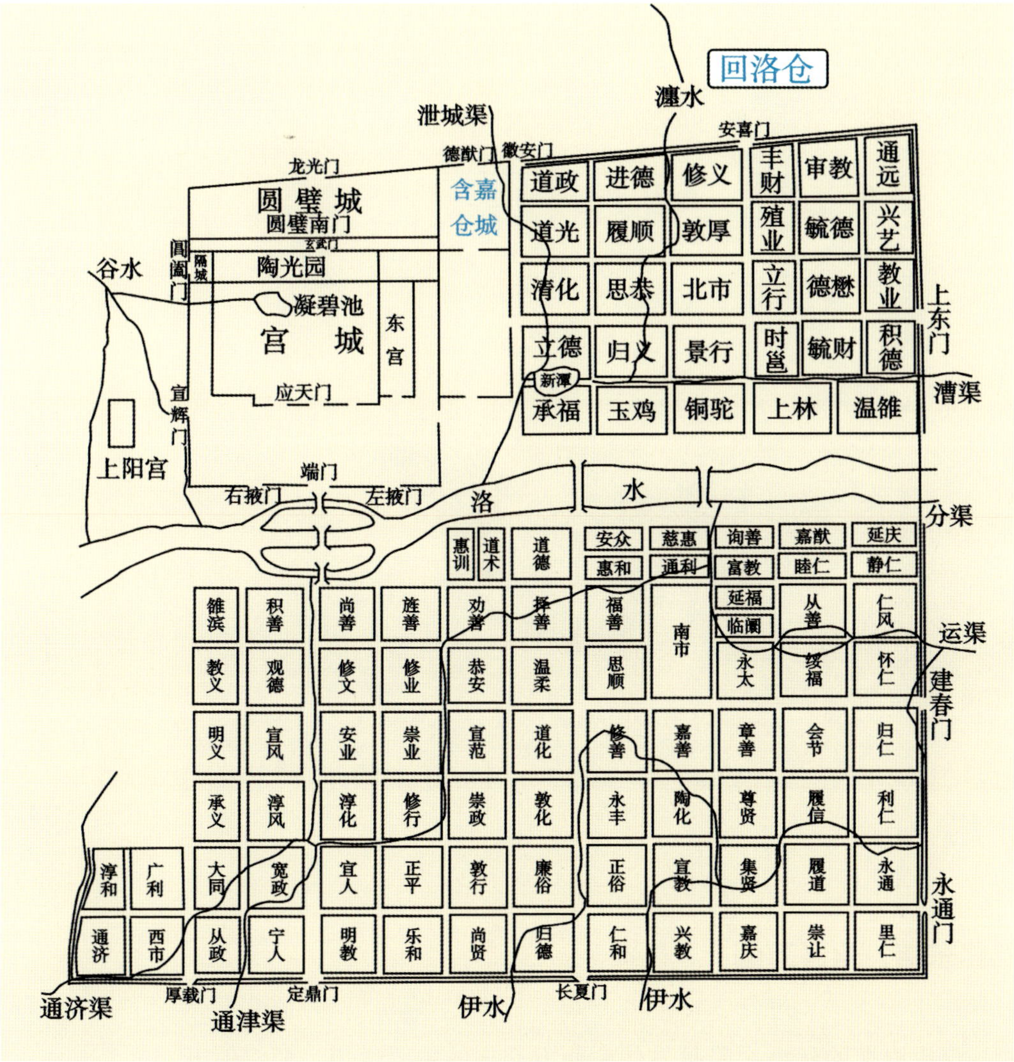

▲ 含嘉仓、回洛仓位置图

回洛仓遗址向南与隋唐大运河通济渠相连。仓城分为中部的管理区、东西两侧的仓窖区、道路和漕渠等部分。仓窖成组分布，整齐排列。根据仓窖分布规律推算整个仓城仓窖数量在700座左右。通济渠遗址也发现了运河河堤、河道等遗迹。

▲ 回洛仓遗址

丝路东端，永通万国

汉唐时期的丝绸之路是古代东西方交往的主要通道，西汉时开通，魏晋南北朝时期逐步繁荣，唐代达到了极为发达的程度。洛阳城由于独特的地理区位，成为东西方货物的集散地，北周时期颁布的“永通万国”钱便有该方面的寓意。另外，2006年洛阳发现的大秦景教经幢，也为人们认识洛阳在丝绸之路上的重要地位，提供了极其宝贵的实物证据。

“永通万国”钱

大秦景教经幢

隋唐洛阳城定鼎门的发掘，定鼎门大街上的商人、骆驼、马的印记，以及洛阳出土的唐代胡人牵驼俑，充分证明了东都洛阳是陆上丝绸之路的东端起点。

定鼎门

▼ 定鼎门大街上的人、畜足印痕迹

汉唐时期的丝绸之路不仅仅是中西商贸的交流通道，更是体现了古代中国海纳百川的政治特质。唐高宗所言的“中兹宇宙，通赋贡于四方，交乎风雨，均朝宗于万国”，是洛阳作为政治中心、万国来朝繁荣盛世的突出体现，唐代张九龄《奉和圣制送十道采访使及朝集使》中“三年一上计，万国趋河洛”之句同样是这种现象的描绘。

三彩骆驼与牵驼俑

张盛墓出土的唐代胡俑

兼容并蓄，三教合流

中华民族传统文化的一个重要特点就是儒、释、道“三教合流”，其中释（即佛）、道都属于宗教文化，其繁荣发展都与河南息息相关。

道教是中国的本土宗教，被奉为道教鼻祖的老子李聃是河南鹿邑人。

登封中岳庙是历代皇帝祭祀中岳神的地方，是我国现存最早、规模最大的道教建筑群之一。

▲ 中岳庙与太室阙

佛教传入中国后，第一座佛寺白马寺就建在河南洛阳；洛阳白马寺是佛教东传至中原的重要见证。

▲ 洛阳白马寺

北魏永宁寺塔基

永宁寺是北魏时期的皇家寺院，整座寺庙形成了中国式“前塔后寺”“中轴对称”的布局，明显是充分吸纳了中国传统建筑中“前朝后寝”的要素。

永宁寺塔复原图

登封少林寺则是佛教“中国化”禅宗的代表。

少林寺常驻院

少林寺山门

龙门石窟卢舍那大佛

龙门石窟是中国佛教三大艺术宝库之一，开凿于北魏时期，唐代为盛，延续至宋代。龙门石窟代表了大唐的皇家气象，同时也是“忠孝思想”与佛教融合的重要体现，如孝文帝为冯太后凿古阳洞、李泰为长孙皇后造宾阳南洞、高力士为唐玄宗造无量寿佛等。

东京梦华，雅俗汇融

东京城在五代时期就已成为新的政治中心。后周时期“皇家建国，定都于梁。今树圭置箭，测岳台晷漏，以为中数，晷漏正，则日之所至，气之所应得之矣”，从古代的“求中”原则和法统上确立了汴梁作为都城的地位。经过北宋的建设，形成了“外城、内城和皇城”的三重布局，人口多时可达150万，多条河流穿城而过，水陆汇通四方。城内街道布局严

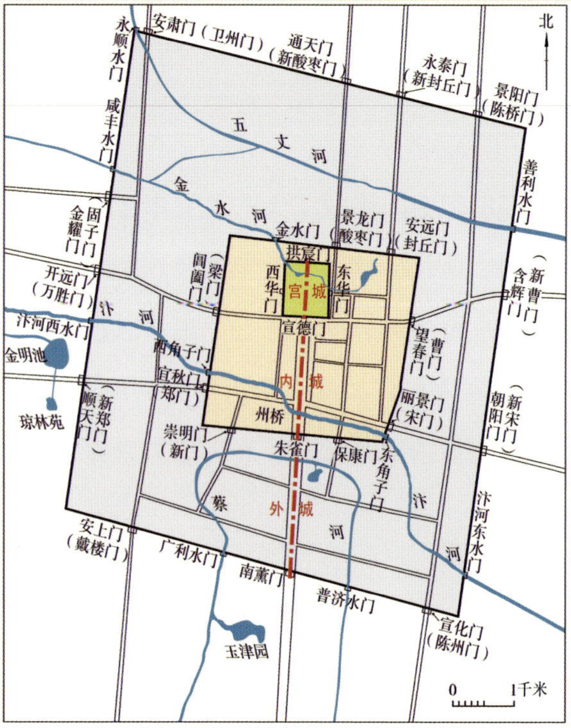

▲ 北宋东京城平面示意图

谨，但汉唐以来严格的里坊制得以打破，店铺沿街开放，工商业、饮食业极为发达。东京城的布局形态影响深远，金中都、元大都及明清北京城均是模仿北宋东京城建造的。

张择端《清明上河图》生动地描绘出东京城的繁华景象。

▲《清明上河图》中横跨汴河的虹桥

北宋时期的东京，位于南北大运河枢纽，城内有四条河道，是北宋王朝的交通命脉。在四条河流中，较为出名的当数汴河，它当时东西横贯东京城，“首承大河，漕引江湖，利尽南海，半天下之财赋，并山泽之百货，悉由此路而进”，“故于诸水，莫此为重”。经过大量的考古工作，已探明了外城汴河西水门至古州桥之间约4000米的地段，同时还初步探明了汴河上的东水门、西水门、汴河西角子门和古州桥等重要遗址。州桥遗址是一座单孔拱桥，为明代早期在宋代桥基上建成的。桥面宽约30米，南北跨度26.4米，中间略高，向南北两侧呈坡状。州桥东侧的汴河两岸发现有宋代的大型石壁雕刻。州桥是北宋东京城中轴线御街与大运河（汴河段）交叉点上的标志性建筑，印证了御街为东京城城市中轴线的事实，对研究北宋东京城的城市布局结构有重大意义，为探讨北宋时期国家政治、经济、文化、礼仪等提供了重要材料。州桥在御街和汴河上的特殊位置，使其最终演变成天街上的礼制建筑，对金元明清都城布局都产生了影响。

北宋东京州桥东侧汴河北岸石壁效果图

科技之光，闪耀世界

我国的冶铁术至少起源于西周晚期，河南三门峡的虢国墓地出土有西周晚期的玉柄铁剑。铁器生产经历了春秋时期的初步发展、战国时期的快速发展阶段。铁器的产生和逐渐流行使中国的古代社会发生了巨大的变革，使中华文明从青铜时代逐步迈入铁器时代。

我国是世界上最早掌握生铁液态冶炼技术的国家，球墨铸铁和叠铸等工艺是世界首创。至汉代，完善的冶铁管理制度已经形成。汉代的冶铁遗址以中原最为集中，郑州古荥和巩义铁生沟均发现了规模较大的汉代冶铁遗址。

古荥冶铁遗址

以南阳盆地地区为代表的中原地区已构建出一套较为完整和成熟的采矿、冶炼、铸造、炒钢、锻造等铁器生产的技术体系。东汉建武七年（31年），南阳太守杜诗总结前人的经验发明了水排，创造了世界上最早的水力冶铁鼓风设备。

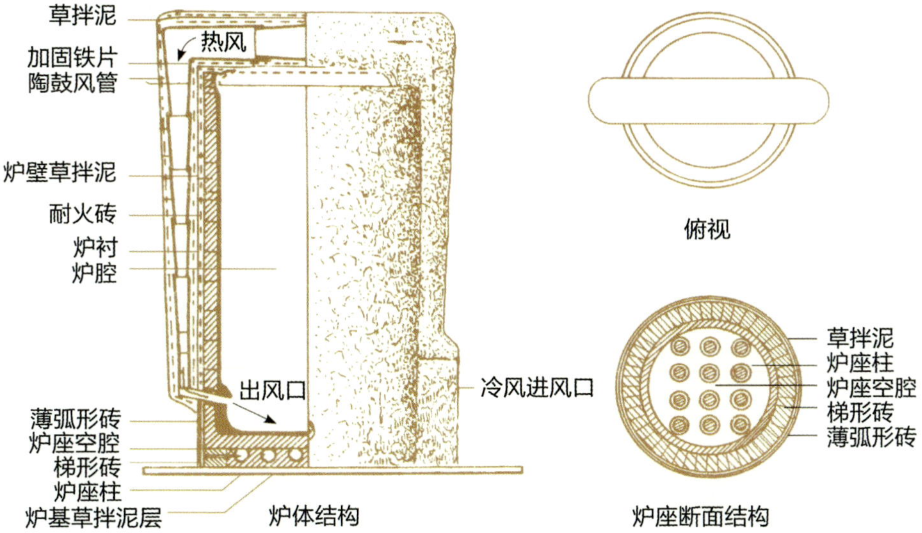

▲ 汉代熔炉示意图

▲ 汉代水排鼓风模型

西汉时代中央直属的“三工官”——河南工官、颍川工官、南阳工官，均在中原中心地区，这为中央提供了最重要的兵器、军备产品。“河内工官”铭的铁器在云南、广西、福建等地均有发现，足见河南冶铁业的发达。

东汉和帝年间，蔡伦在洛阳对已有的造纸技术进行了总结和改进，以树皮、麻头、蔽布、渔网等造纸，人称“蔡侯纸”。造纸的工序主要包括以下几个方面：

▲ 蔡伦像

切沤：对麻絮纤维如树皮、渔网、麻布等进行剪切，再放在塘内浸沤数日，进行相关化学提纯。

舂捣打浆：原料去掉粗皮后，舂捣为浆糊状。

蒸煮：把纸浆放在大锅内加热。

抄纸：将煮过的浆冷却，捞出纸浆，制成湿纸，再摊于竹席上。

焙干：干燥程序，将湿纸敷于平滑的火墙上烤干，取下即可成纸。

蔡伦的造纸技术利用很多废弃物品，在降低成本的同时扩大了原料来源，特别是用树皮做原浆纸，为造纸业的发展开辟了广阔的途径。纸的质量大大提高，易于书写，加之造价低廉，促进纸张推广普及和快速发展。

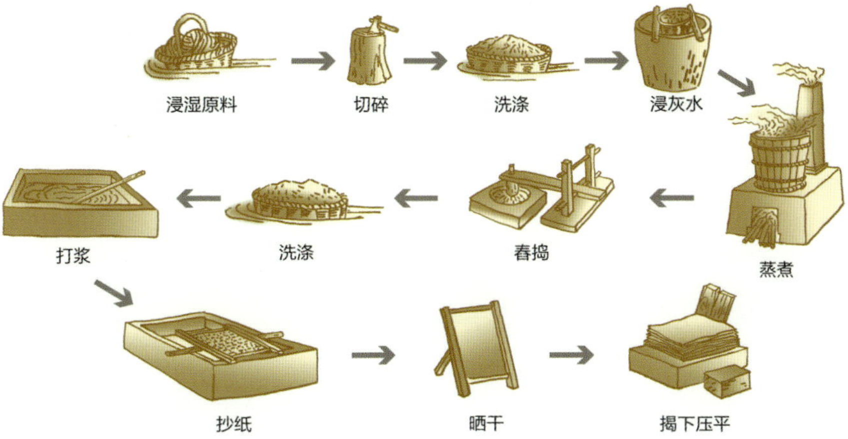

▲ 造纸工艺流程图

著名历史学家陈寅恪评价："华夏民族之文化，历数千载之演进，造极于赵宋之世。"中国古代瓷器闻名于世，北宋时期更是瓷业的一座高峰，此时的"五大名窑"（钧、汝、官、哥、定）中有三处位于河南，分别为钧窑（禹州）、汝窑（汝州、宝丰）和官窑（开封附近）。

▲ 宝丰清凉寺窑址出土的瓷器

▲ 禹州钧台窑出土的瓷器

登封观星台

西周初年，周公在阳城“以土圭之法，测土深，正日景（古‘影’字），以求地中”。唐开元十一年（723年），天文官南宫说奉诏刻立石表1座，表南面刻“周公测景台”5字，其形制与《周礼》所记土圭测影之说相符，是测量日影、验证时令的仪器。该石表与《周礼·地官·司徒》所载“日至之景，尺有五寸，谓之地中”的定义完全相符。元代至元十三年至十六年（1276—1279年），郭守敬以此为中心点观测，并推算出了当时较为先进的历法——《授时历》，其精确度与现行公历仅相差26秒，但创制时间却早了300年。因此可以说，周公测景台和观星台是中国现存最早的天文观测建筑。

▲ 周公测景台

中华文明起源、发展的核心地位

河南在中华文明起源和发展过程中起到的最为关键的核心作用，可归纳为以下五点：“百万年的人类史、一万年的文化史、五千多年的文明史”在河南得以实证；“多元一体”的文化格局汇聚于中原，河南是中华文明的“根与魂”；“致中和、求大同”的民族基因奠定于河南；“家国同构”的民族特质成形于河南；中国不断裂的文化脉络传承于河南。

习近平总书记指出：“我国考古发现的重大成就实证了我国百万年的人类史、一万年的文化史、五千多年的文明史。”2009年，时任河南省委书记徐光春同志精辟总结：“一部河南史、半部中国史。”河南一系列重大考古发现是我国“百万年的人类史、一万年的文化史和五千年文明史”的核心体现，尤其是在五千年文明的起源和发展的过程中，河南起到了最为关键的作用。在中华文明五千年连绵不断发展的“多元一体”的架构中，山东龙山、浙江良渚、辽宁红山、陕西石峁、山西陶寺等重要遗址是“多元”的反映，而河南偃师二里头遗址则是四方文明汇聚、融合的“一体”，引领着中华文明开拓创新、持续发展。

“致中和、求大同”的民族基因

“致中和、求大同”是中华民族传统思想文化的精髓，《礼记·中庸》阐释了“中和”的内涵，“中也者，天下之大本也。和也者，天下之达道也。致中和，天地位焉，万物育焉”。《礼记·礼运》载：“大道之行也，天下为公，选贤与能，讲信修睦。故人不独亲其亲，不独子其子，使老有所终，壮有所用，幼有所长，鳏寡孤独废疾者皆有所养。……是谓大同。”“中”是河南最为常用的词语，很大程度上传承于河南四千年来“天下之中”的地位。《清华简》记载，虞舜、大禹求中于“茅鬲”（河南濮阳），商汤六世祖上甲微追中于“河”（河南嵩山一带）。西周时期同样将“天下之中”定于洛阳一带，包括青铜器铭文中的“宅兹中国”于洛邑。秦汉时期，司马迁在《史记》中提及“夫三河在天下之中，若鼎足，王者所更居也”，“三河”即“河南、河内和河东三郡”，其中“河南”指郑州、洛阳一带，“河内”主要为安阳、新乡、焦作一带。及至唐代，唐高宗李治认为洛阳为“中兹宇宙”之地。后周至北宋时期，为定都选址，“测中于祥符（开封）”。此后全国政治中心北移至北京，是出于中国版图范围改变的原因，但继承了中原地区“求中”的理念。著名考古学家刘庆柱认为：“中国的核心基因是‘中’，‘中’是东西南北的汇聚；中国是从‘中’来的，建国定都都要立‘中’，夏代以来有三千年都立在中原了，最后我们的国家也叫‘中国’。北宋以后都城北移至现在的北京，其实是国家版图扩展的缘故，核心理念还是继承了中原。”

都城中轴线是“居于中极”理念更为具体的体现，“四面辟门”是“和合四方”的象征；秦汉以后，这种理念展示出更为广阔的包容性，佛教东传至洛阳，同儒家思想融合形成汉式佛教，日本、朝鲜半岛以及遥远的欧亚各国同中原王朝有了更为广泛的经济、文化交流。较为典型的文物有日本福冈市出土的“汉委奴国王”金印（东汉王朝册封），朝鲜半岛多地出土的汉代钱币、铜镜等。洛阳新安县的汉函谷关则是汉唐王朝“丝绸之路”的重要见证。

▲ 日本福冈市志贺岛出土的“汉委奴国王”金印（左）
“日光”连弧纹铭带镜（韩国永川郡渔隐洞出土）（中）
韩国金海市良洞里出土的汉朝方格博局纹铜镜（右）

汉函谷关——丝绸之路重要通道

“求大同”的思想，大多体现在都城的明堂、辟雍等礼制建筑中。这种建筑类型初见于先秦时期，成形于东汉洛阳城，是国家“求大同”的突出反映，为后世历代所继承。东汉洛阳城的明堂、辟雍建筑已得到考古发掘，另外还保留了西晋皇帝所立的“辟雍碑”。东汉班固《白虎通义》载：“天子立明堂者，所以通神灵，感天地，正四时，出教化，崇有德，重有道，显有能，褒有行者也。”西汉刘向《五经通义》载：“天子立辟雍者何？所以行礼乐，宣教化，教导天下之人，使为士君子，养三老，事五更，与诸侯行礼之处也。”

西晋辟雍碑

东汉洛阳城明堂遗址局部

“家国同构”“忠孝一体”的民族特质

“家国同构”“忠孝一体”的民族特质在中原地区成熟，并传播至全国各地。这种思想在先秦时期便已经成形，并在汉代得以广泛认可。《孟子》《孝经》《礼记》等儒家经典中均有相应的记载。《孟子·离娄上》：“天下之本在国，国之本在家，家之本在身。”《孝经》：“资于事父以事母，而爱同；资于事父以事君，而敬同……故以孝事君则忠，以敬事长则顺。”“君子之事亲孝，故忠可移于君。”《礼记·大学》记载：“一家仁，一国兴仁；一家让，一国兴让；一人贪戾，一国作乱。”根据目前的考古发现，表达“忠孝伦理”思想的图像资料最早出现于汉代洛阳一带，东汉以后传播至全国各地，并影响至今。历代“忠孝节义”图像是中华民族“家国同构”精神特质的直接表现。

二桃杀三士

丁兰刻木事亲

王祥卧冰求鲤

登封出土的北宋“二十四孝”图

中原文脉，传承千古

中华民族不断裂的文脉传承于河南。古史传说时代的仓颉（河南南乐人），被历代社会追认为汉字的发明者。在考古发现方面，河南是汉字萌芽、产生、发展、定型和成熟的典型代表地区，可以说中华民族的文脉传承于河南。如从史前贾湖遗址的龟甲刻符，到二里头时期大量的刻划“文字”，再到殷墟遗址的甲骨文、平顶山应国墓地的金文，春秋时期温县出土的侯马盟书的“小篆”，再到东汉洛阳城出土熹平石经上成熟的“汉隶”，以及龙门石窟所见唐代褚遂良书丹的“伊阙佛龛碑”的楷书。

舞阳贾湖龟甲刻符

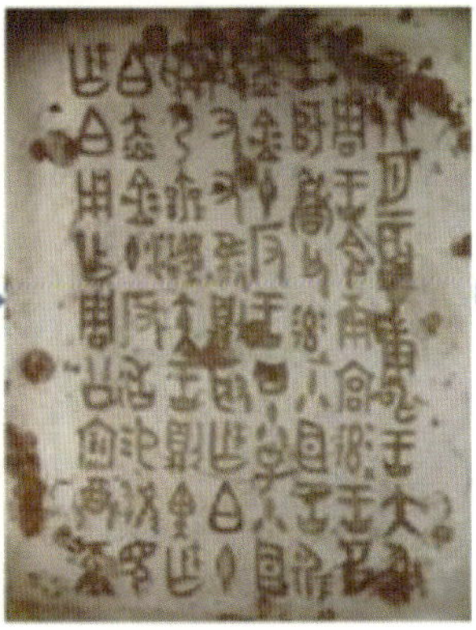

平顶山应国墓地“柞伯簋”铭文

偃师二里头遗址的刻划“文字”

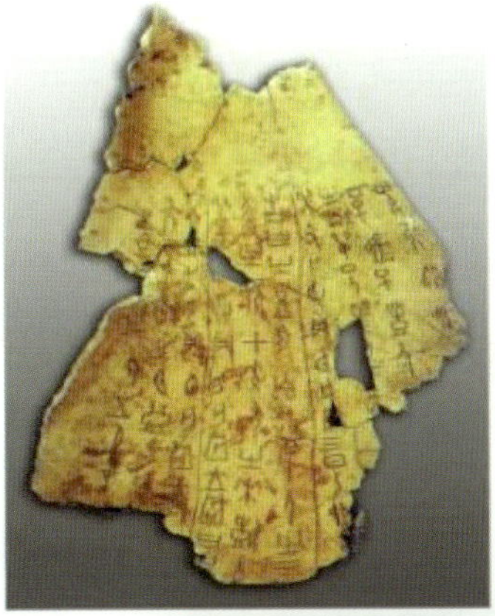

殷墟
甲骨文

春秋时期“温县盟书”
小篆）

东汉熹平石经（汉隶）

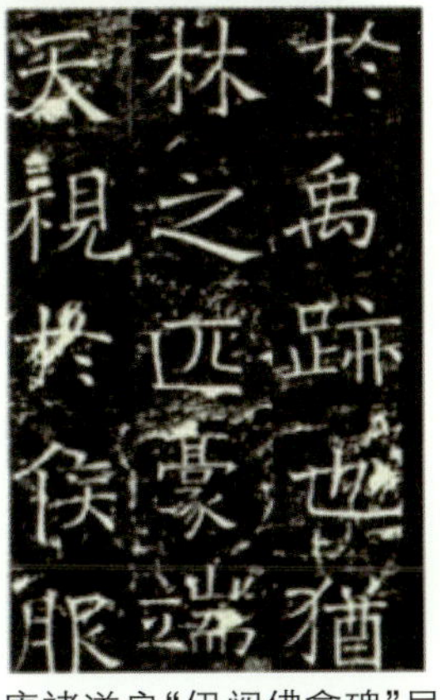

唐褚遂良“伊阙佛龛碑”局部

▲ 汉字萌芽、产生、发展、定型和成熟的典型代表

慎终追远，民德归厚

曾子曰："慎终追远，民德归厚矣。"谨慎而庄重地去缅怀逝去的祖先是中国固有的民族精神。《礼记 · 祭法》云："夫圣王之制祭祀也，法施于民则祀之，以死勤事则祀之，以劳神定国则祀之，能御大灾则祀之，能捍大患则祀之。"在我国波澜壮阔的历史长河中，历代王朝不断地涌现出功留青史的英雄人物，推动着中华民族的持续发展和华夏文明的不断传承。当漫步于河南的历史文化遗产之中时，我们除了感受中原大地的厚重历史，更需要体会到中华先祖们的卓著功勋：炎黄部落吸纳交融、创始文明的千古传承；夏商周三代国家创制、礼乐奠定的华美篇章；两汉开疆拓土、连通西域的豪迈气度；北魏推行汉化、民族交融的殊勋茂绩；唐代文治武功、四海宾服的贞观盛景；宋代天下为怀、治世安民的遗芳余烈。中华民族保持着敬重祖先与英烈的历史传统，自汉代以来便形成了"兴灭继绝"的民本思想，对历代为中华民族做出突出贡献的贤明君主和功臣英烈进行祭祀和缅怀，目前可见有北魏《孝文皇帝吊比干墓文》、宋代纪念汉光武帝的《大宋新修后汉光武皇帝庙朝碑铭》、《开封府题名记》、明清祭祀后周世宗柴荣的大量的碑刻等。

注：北魏皇帝吊比干墓文碑位于河南卫辉城北7.5公里比干墓祠，北魏太和十八年（494年）十一月刻立。原碑不存，宋元祐五年（1090年）九月重刻。高2.56米，宽1.36米，篆额“皇帝吊殷比干文”，碑文为北魏孝文帝所撰。

注：《开封府题名记》碑现藏于开封市博物馆，碑文记述了宋太祖建隆元年（960年）至宋徽宗崇宁四年（1105年）间历任开封知府的名字和上任时间，其中包括名垂青史的范仲淹、包拯、寇准、欧阳修等人。

▲ 后周世宗柴荣庆陵前的大量明清碑刻

注：后周皇陵位于河南省新郑市郭店镇西北部，包括后周太祖郭威嵩陵、世宗柴荣庆陵和顺帝柴宗训恭陵。其中周世宗可谓文治武功，实施了一系列经济改革措施，恢复了北方地区的社会生产，逐步稳定唐末以来的战乱局面，为北宋王朝的建立奠定了坚实基础。自宋太祖赵匡胤伊始，乃至明清时期，对后周世宗的祭祀活动不绝，庆陵前留下的大量御制碑便是明证。

河南作为中华文明的重要发源地以及传统文化的奠基、发展核心，是中华民族精神基因的集中体现之地，我们应当全力去发掘和保护好这些历史文化遗产，延续和传承中华民族优秀的精神特质。正如习近平总书记在2014年中共中央政治局第十三次集体学习时的讲话中所说："深入挖掘和阐发中华优秀传统文化讲仁爱、重民本、守诚信、崇正义、尚和合、求大同的时代价值，使中华优秀传统文化成为涵养社会主义核心价值观的重要源泉。"河南厚重的文化积淀让我们充满历史责任感，一方面将灿烂的中华文明发扬和继承下去；另一方面从中汲取营养，为当今社会发展提供动力支持。

后记

自党的十八大以来，党和国家领导人十分重视中华优秀传统文化的传承与创新，习近平总书记多次强调考古工作在探索中华不断裂文明的重要性，提出“我国考古发现的重大成就实证了我国百万年的人类史、一万年的文化史、五千多年的文明史”“考古工作是一项重要文化事业，也是一项具有重大社会政治意义的工作”等一系列重要论断。河南作为中华民族起源和发展的核心地区，百余年来层出不穷的重大考古发现不断地揭示、延伸和丰富着璀璨无比的中华文明，使人们更为清晰地认识到博大精深的历史文化，在坚定文化自信、增强文化认同方面起到了极为重要的作用。

河南省委、省政府十分关注河南考古和文化遗产保护工作，就如何传承弘扬中华优秀传统文化展开多次调研和讨论，出台了一系列推进文化传承与创新发展的政策。2022年9月我们召集了郑州大学多名考古专业教师及同仁，对本书的主旨和思路进行讨论，并将撰写工作进行具体分工。2023年，同郑州大学出版社进行座谈，进一步明晰了本书的阅读对象，对文字、图片等具体内容进行协调。

本书的写作得到了诸多出版和文博单位的支持，科学出版社、中国社会科学院考古研究所、河南博物院、河南省文物考古研究院、郑州市文物考古研究院、洛阳市文物考古研究院、洛阳博物馆等多家单位提供了高清考古遗存照片，在此表示诚挚的感谢。

感谢郑州大学出版社孙保营社长的大力支持，以及刘金兰、张华、王微等老师的辛勤付出。

编者

2023年10月